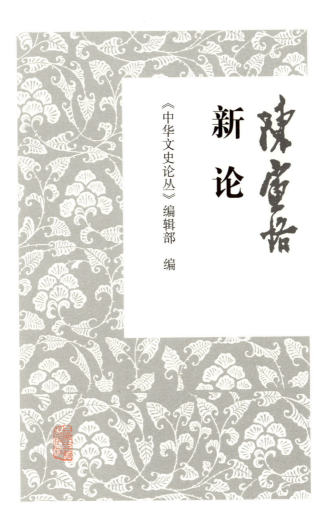

陈寅恪

新论

《中华文史论丛》编辑部　编

图书在版编目(CIP)数据

陈寅恪新论 /《中华文史论丛》编辑部编. —上海：
上海古籍出版社，2020.12
ISBN 978-7-5325-9834-2

Ⅰ.①陈… Ⅱ.①中… Ⅲ.①陈寅恪(1890-1969)
-人物研究-文集 Ⅳ.①K825.81-53

中国版本图书馆 CIP 数据核字(2020)第 245215 号

陈寅恪新论

《中华文史论丛》编辑部　编
上海古籍出版社出版发行
(上海瑞金二路 272 号　邮政编码 200020)
　(1) 网址：www.guji.com.cn
　(2) E-mail：guji1@guji.com.cn
　(3) 易文网网址：www.ewen.co
上海天地海设计印刷有限公司印刷
开本 787×1092　1/32　印张 6.125　插页 21　字数 106,000
2020 年 12 月第 1 版　2020 年 12 月第 1 次印刷
ISBN 978-7-5325-9834-2
K·2937　定价：58.00 元
如有质量问题，请与承印公司联系

出 版 说 明

2020年是陈寅恪先生诞辰一百三十周年，也正值《陈寅恪文集》出版四十周年。2020年1月4日，复旦大学中文系、复旦大学古籍所、上海古籍出版社共同主办"纪念《陈寅恪文集》出版四十周年暨纪念版发布会"，与会学者有精彩发言，其后陆续于报刊等媒体发表。此外，北京等地的报刊也有不少纪念陈寅恪先生、研究陈寅恪先生学术的专题文章刊布。由此可见陈寅恪先生对中国文史之学的贡献之大，而文史之学的发展路径也经由陈寅恪先生的研究更为深切著明。从对陈寅恪先生学术的评价，还可看出历史学、文学、文献学等学科未来的可能倾向。这正是有众多纪念陈寅恪先生、研究陈寅恪学术的文章发表的原因，也给了我们在新的立足点评论陈寅恪先生及其学术的可能。

为了集中展现有关陈寅恪先生及其学术的"新论"，我们遴选了《中华文史论丛》2020年第3期、第4期发表的王水照、周清澍先生的文章，以及《中华文史论丛》部分编委的文章，共八篇，都为一册。这些文章，或深论陈寅恪先生的作品，或探究陈寅恪、钱锺书学术的异同，或对陈寅恪史学、文学研究进行评论，都有各自独特的角度与深切的学术关怀。这与《中华文史论丛》的办刊理念相符合，也将裨益于学术研究理论与范式。

希望本书有关陈寅恪先生及其学术的新论，能引发学界对学术研究理论与范式的深入思考。

《中华文史论丛》编辑部

2020年12月

目　录

陈寅恪先生最后一篇作品
——《先君致邓子竹丈手札二通书后》再释

周清澍

一

《陈寅恪先生编年事辑》在"乙巳 一九六五年"下载"作《先君致邓子竹丈手札二通书后》(下文简称《书后》)",注明乃"本年四月二十八日作",是为先生最后一篇作品。[①] 我当时读后一惊,此"邓子竹丈"与我童年所见的老人同名,但心想不会凑巧是同一人,竟不以为意,几年后读到《金明馆丛稿》原文,才得以确认。

《书后》一文引起学界的普遍重视。余英时论《陈寅恪与

---

① 蒋天枢《陈寅恪先生编年事辑》(增订本),上海古籍出版社,1997年,页178,203。

儒学实践》认为："未尝侮食相矜，曲学阿世"的"气节"是他晚年一刻不能去怀的中心价值。《先君致邓子竹丈手札二通书后》中用另一方式表达同一观念。所用二典虽似简单，其中则仍大有文章在。研究他晚年思想状态的人，于此不宜轻轻放过。①

胡晓明《陈寅恪"守老僧之旧义"诗文释证》一文特别强调：尤其值得重视的是一九六五年《先君致邓子竹丈手札二通书后》，其中所云"守伧僧之旧义"的心念，含有从学术方法、学术目的，到学术人格以及文化理想等一系列相关的内容。这是中国思想的一种独特表达方式。②

李锦绣在所著《陈寅恪学案》中说：《先君致邓子竹丈手札二通书后》为先生自编《金明馆丛稿初编》、《二编》的最后一篇，可称为此二书之跋，亦可称为"陈寅恪文集"七种之跋。③

以上诸文着重解析《书后》的典故并阐发陈先生跋语中包含的思想，至于"手书所涉及人物事件"皆未涉及，只有李锦

---

① 《陈寅恪晚年诗文释证》，台湾，东大图书股份有限公司，1998年，页303。

② 王元化主编《学术集林》第10卷，上海远东出版社，1997年，页325—326。

③ 杨向奎主编《百年学案》，沈阳，辽宁人民出版社，2003年，页313—314。

绣先生多引用了几句。

《书后》说："邓氏既为世好，两家子弟颇相往还。"① 邓氏家族是湖南武冈市大甸乡大甸人，与我家同县同乡，相距仅十五里。邓子竹也是我所亲见。至于陈、邓二家"世好"和"子弟往还"的关系，得益于邓家兄弟父子著作的出版，我才得以大致了解。

邓子竹，名琅，著作今存 1936 年石印的《凤尾阁诗集》，现收入《邵阳文库》的《邓辅纶父子集》中，改名《邓琅集》。集中有诗述其家世，诗序题云："吾家自高、曾以来，颇席丰厚，至吾祖始显贵，吾伯、父益以道德文章为天下重，及门称极盛焉，簪缨庠序，科第累世不绝。……自先父母逝世，家日以落。"②

如他所说，邓家"至吾祖始显贵"。他祖父名仁堃，咸丰初年，任江西南昌知府，升督粮道，摄布政使，后实授按察使。咸丰五年（1855），太平军从湖北进犯江西义宁州，仁堃与巡抚意见不合，坚持派兵支援义宁，认为"义宁扼三省要冲，官民频年固守，团防为江省最，若弃不救，后将不能责官

---

① 《金明馆丛稿二编》，上海古籍出版社，1982 年，页 253。

② 《邓辅纶父子集·邓琅集》，《邵阳文库》甲编（31），北京，光明日报出版社，2016 年，页 341。

以守城，责民以团练"。① 这时在义宁兴办团练的正是陈寅恪的
曾祖父陈伟琳，当时他"率乡人团练击贼"，义宁"倚以拒贼
者数年，由先生治团练始也"。②

陈先生的祖父陈宝箴，字右铭，"以举人随父伟琳治乡团，
御粤寇"。"其后复联州人战寇，义宁团练名一时"。③ 陈氏父子
得到当地父母官邓仁堃的赏识，赞称义宁"团防为江省最"，
并得到他的大力支持。这应是邓仁堃和陈伟琳父子最早结识并
建立邓、陈二家第一代的交谊。

二

邓仁堃长子名辅纶（1828—1893），字弥之，次子邓绎
（1833—1899），字葆之。兄弟早年就读于长沙城南书院，与王
闿运、李篁仙、龙汝霖结"兰陵词社"，时人誉为"湘中五

---

① 李元度《江西按察使邓公家传》，缪荃孙《续碑传集》卷三六，《清
代传记丛刊》(117)，台北，明文书局影印，页 72，77。《邓仁堃传》，《清史
稿》卷四三四，北京，中华书局，1977 年，页 12344。

② 郭嵩焘《陈府君墓碑铭》，《养知书屋文集》卷二一，《清代诗文集汇
编》(674)，上海古籍出版社影印，2010 年，叶 3B，4B。

③ 《陈宝箴传》，《清史稿》卷四六四，页 12741；陈三立《湖南巡抚先
府君行状》，《散原精舍诗文集》，上海古籍出版社，2003 年，页 846。

子"。兄弟俩与湘潭王闿运是同学至交，又同是当时湖南文学界的代表人物。易宗夔认为："咸同光宣之诗人，可别为三宗：王壬甫（王闿运）崛起湘中，与邓弥之力倡复古，由魏晋以上窥风骚，是一大宗。"弥之著有《白香亭诗集》、《白香亭文集》。易宗夔甚至说："弥之《白香亭诗》高秀出湘绮楼（王闿运）之上。"① 戊戌维新志士谭嗣同对他们的诗评价极高，他的《论艺绝句》诗写道："王（闿运）邓（辅纶）翩翩靳共骖（意为前后相随）……一时诗思落湖南。"又加注说：湖南"论诗于国朝，尤为美不胜收……近人王、邓，庶可抗颜"。② 葆之著《云山读书记》、《藻川堂诗文集》等，主持修纂《武冈州志》。邓家出了能与全清诗坛"抗颜"的诗人，兄弟二人又都是主讲各大书院的大儒。如邓子竹所说"吾伯、父益以道德文章为天下重"，因此，武冈社会贤达及其各地门人在法相岩建有"二邓先生祠"以为纪念。

邓辅纶青年时代就跟随任官的父亲到了南昌，咸丰元年辛亥（1851），恩科乡试举副贡生，又以助饷叙用为内阁中书。太平军兴，请假归家。南昌危急，他还乡招兵百余人，赴南昌

---

① 《新世说》"文学第四"，《中国近代孤本小说集成》（4），北京，大众文艺出版社，1999年，页2922。

② 蔡尚思编《谭嗣同全集》，北京，中华书局，1981年，页77。

帮助其父守城。① 他这时也与陈宝箴结交，因宝箴同是咸丰辛亥恩科举人，故二人认为是科举同年友。

同治九年（1870），陈宝箴以知府留湖南补用。次年，抵湖南省候补。年末，王文韶任湖南巡抚，委任他帮办营务处。十一年初，宝箴将全家自义宁迁居长沙局关祠右闲园。② 邓弥之后来任浙江道候补道员，兵败免官。他回乡执教于地方各书院。陈宝箴全家迁来湖南，与邓氏兄弟及其子侄建立起联系。

光绪六年（1880），据《郭嵩焘日记》载：三月廿三日晚，赴陈宝箴的宴请，同时邀请李次青（元度）、邓弥之等共七人会饮。③ 陈宝箴将赴任河北道，邓辅纶曾作五古一首送行，诗题称陈宝箴为"同年"，前四句回顾他们的交谊："倾盖辄相知，倒屣望劳勤。豁达见谈笑，交久情弥亲。"接着四句："竭来寄僧居，与君幸比邻。壶榼过朋好，啸咏淹昏晨。"是说他近来寄居寺院，与宝箴邻居，常能过往饮酒吟诗。"湘舟有近诺，岳色当平分"句则自注说宝箴"四月中曾有同游衡

---

① 王闿运《邓郎中墓志铭》，闵尔昌《碑传集补》卷五一，《清代传记丛刊》（123），页 247。

② 李开军《陈三立年谱长编》上册，北京，中华书局，2014 年，页 47，48，51，55。

③ 《郭嵩焘日记》卷四光绪六年三月廿三日，长沙，湖南人民出版社，1980 年，页 35。

山之约"。① 可见他这年就在长沙。陈宝箴出任河南省河北分守兵备道，带杜云秋等幕僚随行。杜云秋出身于武冈商人之家并就学于武冈，颇得同乡邓氏兄弟的欣赏，并向陈宝箴推荐，因此郭嵩焘说："大率邓弥之、葆之昆仲作成之力也。"②

邓辅纶有《高生行为陈右铭廉访宝箴题所藏高伯足刺史为李眉生廉访手书诗册》七古一首。高伯足名心夔（1835—1883），咸丰九年（1859）进士，工诗文，善书，又擅篆刻。邓辅纶为何要为诗册创作并题写一首《高生行》呢？他诗中有句："名章俊笔安足豪，重是故人手中迹。李侯偶遗公取之，有如楚弓还楚得。"并在此下加注："伯足此册，书于咸丰庚申（1860）七月，未几京师即有英夷之变。"③ 当时陈宝箴也在北京，"咸丰庚申之变，洋人火圆明园，宝箴登酒楼望之，抚膺大恸"。④ 由于这本诗册留下宝箴对英法联军侵华国难的沉痛记忆，而高心夔同是二人好友，因此宝箴对藏品特别珍重，弥之也郑重题写长诗。

---

① 《和与殷晋安别（送陈佑民观察同年之河南河北道任）》，《邓辅纶父子集·邓辅纶集》，页150。"陈佑民"即"陈右铭"。

② 《郭嵩焘日记》卷四光绪六年七月二十日，页73。

③ 《邓辅纶父子集·邓辅纶集》，页97—98。

④ 朱克敬《儒林琐记》，《清人说荟》初集，上海文艺出版社影印，1990年，叶18A。

陈宝箴全家从河南武陟返回长沙后，另赁居长沙通泰街周达武提督宅蜕园。光绪十一年（1885），邓辅纶在郭嵩焘的日记中累次出现于长沙，与郭和陈寅恪之父三立等过从甚密。三月十二日："李佐周（桢）邀同邓弥之、张雨珊（祖同）、陈伯严……晚酌。"三月二十八日："晚赴陈伯严之召，同席邓弥之……，并陪诸人一游蜕园。"十月十日，"为邓弥之饯行，兼约李佐周、陈伯严"等"晚酌"。十一日，又"晚赴陈右铭之召，同席邓弥之"等。①

光绪十五年，邓辅纶应江苏巡抚许振祎的聘请，主讲南京文正书院。当时陈三立、俞明震等人从北京回湘，经南京时与邓辅纶等相聚，"日事游眺，一时盛会也"。② 八月，陈三立"同邓山长辅纶"等同游莫愁湖，并作诗一首。③ 十九年七月，邓辅纶"卒于江宁讲舍"。④ 身在武昌的陈三立，月夜携邓所作《白香亭诗集》给梁鼎芬欣赏，梁读后作七律三首，其一有句：

---

① 《郭嵩焘日记》卷四，页 546，549，589。

② 释敬安《寄怀俞恪士观察江南并柬陈伯严吏部十二首并序》，《八指头陀诗文集》，长沙，岳麓书社，2007 年，页 291。

③ 《莫愁湖四客图为梁节庵题》，潘益民、李开军《散原精舍诗文集补编》，南昌，江西人民出版社，2007 年，页 118。

④ 王闿运《邓郎中墓志铭》，闵尔昌《碑传集补》卷五一，《清代传记丛刊》（123），页 249。

"陈子敲门踏破月，夸示于我弥翁诗。"既描绘陈三立对邓诗的赞赏，也表达他对新逝故人的怀念。[1]

清同治以后诗坛，除"湘中"诗人外，易宗夔举"同光体诗人"为诗坛另一大宗，他们"出入南北宋，郑苏龛（孝胥）、陈伯潜（宝琛）、陈伯严、沈子培（曾植）为其宗之魁杰"。[2] 其中陈伯严就是陈三立的表字。邓氏兄弟与陈三立，都是当时两宗诗坛魁杰，趣味相投，自然会加深陈、邓二家的世谊。

邓绎是武冈州廪生，曾任官候选员外郎，浙江巡抚保荐知府。光绪六年（1880），陈宝箴出任河南省河北道，认为国家缺乏人才是由于"士不知学"，于是拨款建造校舍，命名致用精舍，置群籍，延通儒，遴选所辖三府优秀子弟数十人入舍学习。[3] 他延请的通儒正是邓绎。如王闿运所说：邓绎被"聘为书院师，号为纯儒博通古今者矣"。[4]

邓绎在应聘就职途中和履任后，写了许多与陈宝箴有关的诗篇。从诗题能看出的有：《光绪壬午（1882）春……时予将游

---

① 梁鼎芬《读邓辅纶〈白香亭诗〉柬伯严三首》，《节庵先生遗诗》卷三，《清代诗文集汇编》（787），叶18A。

② 《新世说》"文学第四"，《中国近代孤本小说集成》（4），页2923。

③ 陈三立《湖南巡抚先府君行状》，《散原精舍诗文集》下册，页850。

④ 王闿运《邓郎中墓志铭》，闵尔昌《碑传集补》卷五一，《清代传记丛刊》（123），页249。

中州践致用精舍约》、《晓渡汉江赴河北讲席》、《赠陈右铭观察》、《壬午秋仲月望右铭观察设筵河北精舍之鉴阁集饮既酣赋诗纪盛》、《光绪岁在壬午秋仲右铭观察张宴精舍赋诗献酬……》、《光绪岁壬午致用精舍初成河北道陈君右铭延予主讲……》、《壬午九月右铭廉访招饮出故人高伯足诗册索题漫成长句》。① 后一首诗中有句："南行禹穴过吴会。"自注是指"廉访（按察使古称）将赴武林"，即陈宝箴将调往杭州出任浙江按察使，"招饮"朋友话别。"出故人高伯足诗册索题"，如前所述，这是陈宝箴所珍重的故人遗物，在话别时请朋友题诗留念。

陈三立也随父来到武陟任所，曾作《邓山长保之太守出箧索题因赠》五律一首，"山长"指邓绎在致用精舍的现职，"太守"指他曾任保荐知府的官衔。②

接着邓绎作《十月初吉将归湖南留别致用精舍诸门人》五古一首，③ 说明邓绎应聘主讲致用精舍，完全是出于与陈宝箴的世交旧谊，随着宝箴的离任，他也告别诸门人回湖南了。

---

① 《邓绎集》，《邵阳文库》甲编（7），北京，光明日报出版社，2016年，页19，25，28，29，33，35，37。

② 《散原精舍诗文集补编》，页69。

③ 《邓绎集》，页37。

光绪十六年（1890），陈宝箴出任湖北布政使，陈三立也随父就任。湖广总督张之洞于省会武昌都司湖创建两湖书院。"学科规定经学、史学、理学、文学、算学、经济学六门"，"每科设分教一人，由总督聘任，多极一时之选"。其中"任理学者为邓绎"，"任文学者为陈三立"。在任教期间，与陈氏父子交往更多。①

如次年邓绎作《十月望日良夜再集两湖楼同瞿子玖学史曾仲伯翰林陈伯严吏部……》五律一首。② 诗中列名首位的瞿鸿机（子玖）也提到：这次是"伯严招饮两湖书院楼上"，是为瞿将往福建送行，同席有"邓保之丈"等人。③ 一月后，张之洞的幕僚缪荃孙参加陈伯年（严）等人的"小饮"，同席者还有邓保之等。④ 光绪二十一年（1895），廖树蘅作七律一首，其中有句"客来论道羲皇上"，就是指当时"邓先生方讲羲学"。⑤

---

① 张继煦《张文襄公治鄂记》，《中国近代学制史料》第一辑，上海，华东师范大学出版社，1983年，下册，页400。

② 《邓绎集》，页221。

③ 瞿鸿机《使闽日记》十月十五日，《近代中国史料丛刊》第一辑（324），台北，文海出版社影印，1966—1973年，页254。

④ 缪荃孙《艺风老人日记》十一月十五日，北京大学出版社影印，1986年，页414。

⑤ 廖树蘅《二月二十五日伯严招饮两湖书院同集者为汪进士穰卿邓分校葆之徐太守稚生邹明府云帆》，《珠泉草庐诗钞》卷四，《清代诗文集汇编》（745），叶7B。

　　同年七月，朝廷任命陈宝箴为湖南巡抚，十月到任。邓绎辞教席回到家乡，当时武冈有各地所无的"户口费"，在正饷耗银外，加收钱二百文，民甚苦之。由于他与陈宝箴"有旧"，向宝箴备言其害。陈即檄知州革罢。① 如《书后》所说，陈家和邓家"既为世好"，故人们认为邓绎与陈宝箴"有旧"。

　　邓辅纶、邓绎兄弟与陈家的交谊是第二代，下面还有第三代的"两家子弟颇相往还"。

　　邓辅纶无子，过继邓绎第二子国璘为子。国璘字幼弥，少时聪慧，聘王闿运为塾师，并娶闿运女无非，字娥芳。幼弥所作有《绿萼山房诗集》，集中有《寄慰陈伯严三立河南》，诗中有句："凤闻伯子贤，神交淡逾亲。鲤庭绍家学，愧我非君邻。杜杨我旧游，与君共昏晨。"② 这是光绪六年（1880）宝箴出任河南省河北道道台，三立侍父随往，故写诗"寄慰"。《晴川阁宴集》诗中之晴川阁在汉阳龟山，应作于光绪十六年以后陈宝箴出任湖北布政使时，诗中有句："义宁公子敬爱客，良辰招饮同举觥。"他自注"义宁公子"是"谓伯严吏部"。③ "伯严吏部"是用陈三立新中进士并授吏部主事后的官称。

---

　　① 《邓绎传》，《武冈乡土志·耆旧志·学问类》，叶98B—99B。
　　② 《邓辅纶父子集·邓国璘集》，页188。
　　③ 《邓辅纶父子集·邓国璘集》，页209。

　　邓辅纶"家富于财"。[①] 王闿运也说邓绎"世有清望，家余于财"。[②] 邓幼弥出身于官宦富豪之家，过继为伯父母家独子，不免沾染纨绔习气，恃宠而骄，恃才而傲，藐视八股应制的功课，连个秀才也没考取，遭到父亲和妻子的埋怨。丈夫纵情诗酒，涉足烟花，任意挥霍，妻子不善理家，夫妻间时有冲突，幼弥终于携宠妾远走长沙。无非也被送回湘潭，光绪八年（1882）年仅二十八岁去世。幼弥续娶后，坐食山空。如邓子竹有诗赞他"文字干人终不俗"，但在注中说明是"兄在湘常以文字抽丰，人多乐为赠贻"。[③] 实际上是仰仗其父弥之、葆之兄弟和岳父王闿运的名声，仍能以吟诗作对充当两家门生故旧的座上客，向他们打抽丰得到馈赠度日。民国初年，适逢袁世凯聘王闿运为国史馆馆长，湖南督军汤芗铭为表示对当地名士尊重，也曾照顾他的这位快婿。但幼弥嫉俗狂傲，对这些馈赠并不珍惜，随便挥霍，只求一醉，醉后再发酒疯，人称"邓疯子"。19 世纪末弥之兄弟相继去世，1916 年王闿运去世，理会

---

　　① 朱克敬《儒林琐记》，《清人说荟》初集，叶 18B。

　　② 王闿运《邓郎中墓志铭》，闵尔昌《碑传集补》卷五一，《清代传记丛刊》（123），页 249。

　　③ 《和幼弥仲兄七十自寿元韵》四首之四，《邓辅纶父子集·邓琅集》，页 317。

和照顾他的人越来越少。① 邓子竹写诗劝诫他："嗟兄何为酒为命？酒后癫狂非我许。行将七十一老翁，胡自污贱撄世忤？""贫未足耻疯亦佳，诡怪离奇徒召侮。""愿兄稍敛心气偏"，"慎勿谩骂丛怨府"。② 邓子竹《和幼弥仲兄七十自寿》诗紧接癸亥游卧羊山诗之后，可见幼弥癸亥年（1923）七十岁，如子竹所形容，这时的他"不衫不履多狂态"，"剩有狂名到处传"。此后数年，熟人仍能见他流落长沙街头。

　　邓琅（1865—1944）是邓绎第七子，他的诗集在清末汉口船中遗失，除少数辑自记忆和朋友所保存外，诗集中主要是民国时所作。③ 民国时陈家已离开湖南，邓琅老年也蛰伏在家乡，但现存诗集中与陈家交往的诗仍残存不少，其中有关陈宝箴一首——《金陵城中久候陈右铭廉访丈不至》。④ 此处官衔为"廉访"，应是陈宝箴升任浙江按察使之后，光绪十五年（1889）晋升布政使前途经南京时所作。据邓子竹回忆："弱冠前后，出游长沙、江淮间，谒诸先达。"⑤ 二十岁的青年可以随便面见

---

　　① 马少侨《宝庆三癫逸事·邓幼弥》，《邵阳文史资料》第十辑，1988年，页 277—282；杨式仁《邓辅纶父子集》前言。
　　② 《邓辅纶父子集·邓琅集》，页 287—288。
　　③ 《凤尾阁诗集自序》，《邓辅纶父子集·邓琅集》，页 349。
　　④ 《邓辅纶父子集·邓琅集》，页 222。
　　⑤ 《凤尾阁诗集自序》，《邓辅纶父子集·邓琅集》，页 348。

当地的高级官员，当然是凭借邓、陈二家的世谊。

邓琅曾回忆说："癸未岁（光绪九年），侍亲长沙，间以诗文诸作及所记日录质诸友人二三知好，或勉之，或誉之。"① 前述他所遗失的"诗古文辞及词赋拟骚诸作约二千余首"，除自己伯父、父亲和湖南名士郭嵩焘、王闿运外，还曾请陈宝箴"批阅"。② 邓绎是光绪八年十月离开河南致用书院回到湖南的，邓琅所谓九年癸未岁"侍亲长沙"，可能是侍回到长沙的父亲。

邓琅残存的诗集中有关陈三立的诗有十首之多，颇能反映陈、邓两家的交谊。他曾作七绝二首，前有长序回忆他初次外游和结识的朋友：予年十九就婚长沙，始识袁叔舆、陈伯严……何璞元、曾重伯诸君，纵谈辞章，稍与文宴，因有赠叔舆五古长篇一首，略及道学文字源流。伯严曾函诩之曰："赠叔舆诗璀灿数百言，不懈而及于古，而生平志事学识略具于中，以谓龙子凤雏。"他生于 1865 年，癸未（1883）正好十九岁，这次去长沙，既是"侍亲"，也是"就婚"，与陈三立结识于长沙。他所作赠叔舆（名绪钦，长沙人）五古长篇得到陈三立的赞许。"怅望风尘四十年"之后，有感而作，"聊用寄意"

---

① 邓琅《日记自序》，《都梁文钞今编》，长沙，湖南出版社，1992 年，页 597。

② 《避乱南归侨寓湘垣感赋》诗注，《邓辅纶父子集·邓琅集》，页 243。

尚在世的"伯严、重伯"。①

邓琅早年所作一首五古，题为《朱次江（振铺）宅夜集，招同陈伯严、杜云秋……何璞元、潘碧泉诸君谭艺甚洽，书此言意》，诗中首位客人就是陈伯严三立。② 五律四首《赠陈张魏胡四公子诗》第一首也是赠"陈伯严三立"，下半四句："好客如忘我，论交许托身。别来多感激，肝胆欲披陈。"③ 表达了邓子竹对他的友谊和感激之情。

《赠陈张魏胡四公子诗》中第二名张公子，邓子竹自注是"张禹生成德"。张成德，字禹生，武冈小桃花坪人。父经赞，历任广东各县知县，禹生随父旅粤，弱冠才回乡，中辛卯科乡试。年三十早逝。他有一封《复邓子竹书》，信中提到："伯严诸君子，闻风相思，未见为恨者。凉秋九月，德星聚轸，群贤毕集，辉映一时。"④ 张成德光绪辛卯（1891）中举，年三十去世，此信应作于 1895 年十月陈宝箴出任湖南巡抚后。古代地域按二十八宿天文分野，长沙属轸星分野，可能是 1896 或 1897 年的秋九月，邓子竹同湖南诸名士一起，曾赴长沙同他"闻风

---

① 《邓辅纶父子集·邓琅集》，页 303。重伯，曾国藩长孙曾广钧。

② 《邓辅纶父子集·邓琅集》，页 225。

③ 《邓辅纶父子集·邓琅集》，页 239。

④ 张成德《复邓子竹书》，《都梁文钞今编》，页 333。

相思"的陈三立公子等欢聚。

邓子竹科举也不得意，以附贡生谋得湖北候补县丞，补缺后以知县用，他自述说："光绪丙申（1896）、丁酉始谋出仕，以求升斗。然观当时吏治窳败，……辄不欲置足其间，故浮沉吏隐。"看来他任官短暂，仕途并不得意。此后直到清亡，"往来闽、粤、皖、赣、湘、桂，久寓武昌、金陵，并北游京师，道燕、汴，渡黄河，揽山川人文之盛。赴辽东，观塞外风景以豁其怀抱"。实际上，是投靠伯、父门生故旧，谋求一官半职，或寄食门下。如他所说："自先父母逝世，家日以落。"民国建立，邓琅回家住了一段时间，"旋以饥驱，仍出游南北"。① 邓氏家族中，只有他四哥国琬的儿子骧云在广西做官，他曾三赴广西投靠。② 这时他的诗中，出现"空贮满腹书，不剩一文钱"的诗句。③

陈三立举家从湖南迁往江南后，邓琅与陈家仍有来往。五律《陈伯严考功招饮悦生公司西餐，诗僧寄禅（八指头陀）、俞恪士、吴蓉初观察均在坐》，"考功"是唐朝吏部下属司名，借指三立曾任吏部主事官职。诗中有句"才超堪镇俗"，自注

---

① 《凤尾阁诗集自序》，《邓辅纶父子集·邓琅集》，页348。
② 《邓辅纶父子集·邓琅集》，页341。
③ 《都门感怀》，《邓辅纶父子集·邓琅集》，页308。

是夸赞伯严和恪士超人的才干可以抑制庸俗的世风。① 五律二首《寄怀陈伯严三立》，开头"老去陈公子，江南久寓公"两句，说明是陈三立寓居南京等地时所作。第二首"我喜交君久，清谭受益多"，② 则是回顾他俩的交谊。《月夜寄怀李梅庵瑞清兼简陈伯严三立》五古一首，其中诗句"江南忆旧欢"、"益恋故人德"，是回忆同李瑞清和寓居江南的陈三立欢聚的情景。③ 七律《往事一首感怀忧时而作》，"老来空恋故人恩"句表达他对故人的怀念，在注中罗列的故人就有"陈伯严吏部"。④《读陈伯严吏部〈散原精舍诗集〉感题奉寄》七律一首，⑤ 应作于宣统二年（1910）商务印书馆出版《散原精舍诗集》之后。《寄伯严》七律一首，前四句追溯他和陈三立的关系："伯严于我不疏阔，卅载相知意自亲。两世文章交谊重，一生风骨性情真。"⑥"两世文章交谊"更印证了《书后》"既为

---

① 《邓辅纶父子集·邓琅集》，页 230—231。恪士，俞明震（1860—1918）表字，陈三立妻兄。

② 《邓辅纶父子集·邓琅集》，页 257。

③ 《邓辅纶父子集·邓琅集》，页 270。李瑞清（1867—1920），号梅庵。清光绪进士，摄江宁提学使，兼两江师范学堂提督。辛亥革命后匿居上海，自署"清道人"。工书，能诗善画。

④ 《邓辅纶父子集·邓琅集》，页 283。

⑤ 《邓辅纶父子集·邓琅集》，页 288。

⑥ 《邓辅纶父子集·邓琅集》，页 299。

世好"之说。这诗在《邓琅集》中列于庚申纪年诗前,可见1920年他们还曾通信,《书后》提到的陈三立"致邓子竹丈手札二通"实物就是明证。

在《甲子(1924)季春……游六一亭作》五言诗之后,邓子竹作《久客归里慨咏写怀》和《屡过张叙平明府莼园……》两诗。张叙平名存彝(1856—1934),清诸生,历官县丞、知县、知州。入民国去职还乡,在县城茅坪里修建莼园,是城中仅有附带园林的住宅,人称"张家花园",故叙平晚号莼园老人。在此诗后注称:"予民国后又客游四方,瞬历十余载,今春始获旋里。"[1] 接着有"中秋饮于宗祠"诗,再下有《六十书感》四首,往下记时的诗就是"乙丑五月十五"了。可见他过六十岁生日是甲子年末或乙丑年初,诗中感慨:"家国沧桑事万千","搜箧惟余换酒钱"。[2] 可见他的家境已每况愈下了。此后邓子竹在家乡,同他的二兄幼弥一样,过着"文字干人终不俗"的生活。年过六十,从此他不再外出,可能与外界旧谊也断绝了联系,如《书后》所说:陈、邓二家"近四十余载,久不通闻问"。

---

① 《邓辅纶父子集·邓琅集》,页326—328。
② 《六十书感》,《邓辅纶父子集·邓琅集》,页328。

"丁卯之岁",即民国十六年(1927),他和袁湛、周用成发起,在武冈县城莼园成立"云山耆旧会",定于花朝胜日假坐莼园集会,"朋旧优游于觞咏之间",从此岁岁举行,连办十载,辑编《云山耆旧会诗集》收近体诗二十九首,《云山耆旧会续集》收近体诗十七首,传记三十六篇。① 1934 年张存彝病故,"会址不常",后几年只能勉强维持。同时,邓子竹又和武冈财政局长钟琴庵、湘潭袁自珍"投赠往还",汇编成《都梁唱和集》。② 可惜这几种书现在已很难找到。

咸丰七年(1857),邓仁堃被劾罢官,回到武冈,"始卜居城南二十五里之大甸乡"。③ 抗战时期,日军占领武汉后,出动飞机轰炸后方,城里经常发出空袭警报,百姓都出城躲避,学生则改往郊外上课,虽不见敌机临空,但百姓不胜其烦,学生也学业荒废。1939 年秋,我家从城里迁往大甸暂避,借住邓家的房子。

邓家大院极其宏伟,围墙高耸,前院后院,分五路层层叠进。当时,中路的左侧是区政府(后为乡公所),再东一路是武冈第三区区立小学(后改和亲乡中心小学)。我家借住中路

---

① 邓琅《〈云山耆旧会集〉续跋》,《都梁文钞今编》,页 601。
② 周用成《〈都梁唱和集〉跋》,《都梁文钞今编》,页 591。
③ 《(同治)武冈州志》卷四三《人物志四·名臣传》,《中国地方志集成》(湖南府县志辑 55),南京,江苏古籍出版社,2002 年。

最后正房东边二室，正房堂屋以西及西路住的是邓家后人，再西的房屋已部分拆除变卖。我们兄弟就在东侧的小学上学，我的同班同学邓思贻是邓家的后裔，就住在我家前院，课后是我的玩友。他的住房很大，但室内陈设非常简陋，桌上却有一精致书匣，上刻绿字"刘武慎公遗书"。我多年后才知道，他的曾祖父名国琬，字子权，是邓绎第四子，清附生。刘武慎公即湘军中与曾国藩同时任官总督的新宁刘长佑，国琬是他的三女婿。邓思贻家中无父无母，据说祖、父在外做官，并死在外地，兄弟二人由姨婆抚养，回乡靠祖遗微薄田产过活。邓琅提到邓家幸有"骥云仲侄崛起于民国，仕途立身"，他才能三赴广西投靠。1924 年，邓琅作《甲子元宵前一夕，寄怀骥云侄河南叶县》，可见骥云又改任官河南，接着又有首《哭骥云仲侄》诗，这位侄子也亡故。① 骥云可能就是思贻的祖父，思贻的父母何以早故则不得而知。

　　住邓家期间，我没见过邓子竹，也不知有其人。1941 年，我家从县城搬回乡下老家。我家在山区，一年隆冬，一位从未见过的老翁，独自爬山越岭来到我家。我父亲殷勤接待，除了盛备酒菜款待外，临行还奉送现钱。后来我听到近邻的长辈议

---

　　① 《邓辅纶父子集·邓琅集》，页 324，325。

论,老翁名邓子竹,由于邓家已经衰落,他凭借祖上的声名,生活有困难时,常求助于故旧之家。一两年后,邓家派人送来一张红帖,内容是用几个地方名流的名义,发起为邓子竹庆贺八十大寿,以下罗列几十人名,前几名已签写呈送祝寿金数额,后接帖者只好参照前人情况送礼。听有人说,老翁这时还未足八十,可能是家中窘迫需人救济。

三

由于陈、邓两家的世谊,兼之陈宝箴长期在湖南任官并定居于此,不仅邓家人与陈家关系密切,而且还有武冈州人因邓辅纶兄弟的荐引,成为陈宝箴的幕僚和陈三立的好友。光绪十年(1884),陈三立托他家的塾师何承道,即前述多次与邓琅共宴的何璞元,给在岳麓书院的陈锐写了一封信,信中说:"伯严孝廉念足下甚苦,……昨偕元穆、孚侯奉访。而唫旆已行。……而杜、翟两君又将远行,胜地不常,盛筵难再,幸惠然戾止,一解三君子契阔之思也。"① 陈三立访问陈锐所偕的元

---

① 何承道《与陈锐书》(四),陈均辑《裒碧斋匦中书》卷一,民国四年铅印本。

穆和孚侯，也就是将远行的杜、翟两君，何承道将他们和陈三立并称"三君子"，说明此二人与三立的关系不同寻常。

杜俞（1855—1922），字云秋，又字元穆，号黄陵外史。原籍湖南湘乡（今双峰）。光绪三年（1877）秋，杜俞因有事来长沙，访陈家塾师廖树蘅于闲园。陈三立通过廖的介绍，于张发浚寓园结识杜俞，并相互评阅诗文。[1] 杜俞在长沙，与陈三立及黔阳黄忠浩泽生、衡阳何承道璞元、湘潭罗正钧训（顺）循等人时有"文酒之会"，"务求所以修身持己之道"。[2]

当时，与三立和杜俞结识并要好的还有宁乡人隆经（字观易，号无誉），同年重阳节日，"无誉有甘肃之行"，陈宝箴也曾邀请隆、杜等人集饮于其家闲园。[3] 隆经从长沙出发时，陈三立和杜俞等人"徒步送之驿步门外"。[4]

光绪六年正月，陈三立有信给廖树蘅说"拟不久附入校经堂内读书"，并说"校经堂肄业相识者"有杜云秋和前面提到

---

① 杜俞《珠泉草庐诗集序》，梅焯宪编，廖树蘅撰《珠泉草庐师友录》卷二，南京，凤凰出版社，2016 年。《陈三立年谱长编》上册，页 57。

② 朱杞《先府君事略》，朱应庚《菊坡文存》附录，转引自《陈三立年谱长编》上册，页 246。

③ 廖树蘅《陈观察宝箴招同张福荄发浚隆无誉经杜云秋俞张伯纯通典集饮闲园》，《珠泉草庐诗钞》卷二，《清代诗文集汇编》（745），叶 4B。

④ 廖树蘅《罘恩山人隆君哀辞》，徐凌霄等《凌霄一士随笔》，太原，山西古籍出版社，1997 年，页 1984。

的何璞元（承道）、朱恢元（应庚）、陈伯涛（锐）等九人，认为"亦甚可收切磋之益也"。[①] 并称他与"校经堂诸子时相过从"。[②] 同年七月，陈三立将随父"移官河北"，包括杜俞在内的十四位友人置酒长沙城北之豫园。据与会的朱应庚说："伯严居长沙近十年，先后所交多傀俍非常之士。""今与于此会者亦已若此，可见伯严之贤与其所以得友矣。"[③] 据郭嵩焘七月二十日日记：长沙友人小集于曾文正公祠为陈宝箴饯行，宝箴谈到：有杜云秋、杨怀琛两位肄业于校经堂，与陈三立交好的同学，此次赴河北道任，将带他们随行。"两人并家武冈，以商贾为生，而皆读书能文"。[④] 陈三立《陈芰潭翁遗诗序》也提到："初，余父由长沙之官河北，挈翁与偕，时居幕同为客者，有湘乡杜云秋，……皆擅文学，皆喜言经世方略。"[⑤] 到达河北道任所武陟后，作《武陟官廨赠杜俞》五古一首。杜俞也有诗

① 陈三立《与廖树蘅书四》，《散原精舍诗文集》下册，页1159—1160。
② 陈三立《与廖树蘅书（一）》，《散原精舍诗文集补编》，页241。
③ 朱应庚《豫园别宴记》，《菊坡文存》卷二，转引自《陈三立年谱长编》上册，页94—95。
④ 《郭嵩焘日记》卷四，页73。当时武冈本地人不善营商，来自外省的商人多江西人，本省多湘乡人。据翟衡玑《清署湖南布政使杜君云秋事略》（北京前门外宝增石印局印，1922年）：杜俞"湘乡人，生长宝庆之武冈，居城南市中书坊"。其父是经营书店的商人。十九岁回原籍湘乡，准备应童子试，入涟滨书院。
⑤ 陈三立《陈芰潭翁遗诗序》，《散原精舍诗文集》下册，页911。

《武陟城楼晚眺》，与陈三立唱和。[1]

邓氏父子兄弟皆有关于杜俞的诗。邓辅纶有五言诗《留别杜茂才云秋》；[2] 其子邓国瑊有《寄怀杜大云秋俞河南》，显然都是杜俞随陈宝箴赴河北道时所作。[3] 后者有句："忆昔居怡园，开窗横翠微。晨夕乐砥砺，慕君如丹葵。"怡园是邓家宅院的名称，或作颐园。杜俞等在城南邓祠私塾上学，"邓弥之、葆之两先生每月必至家庙告朔"，"喜奖掖后进……于君尤喜。既而读书其家颐园，因得纵观贻经楼藏书，年余学益博"。说明杜俞早年曾得到邓家的栽培。[4] "良朋不遐弃，尺素千里遗"，则说他还接到杜俞的来信，远在河南还不断联系。前引邓琅《朱次江宅夜集》诗，列名招同谭艺首位的是陈伯严，其次就是杜云秋。

杜俞因曾追随陈宝箴，参加幕府，陈三立父子俩有关他的诗较邓家人更多。陈宝箴在河北道任上创致用精舍，《河北精

---

① 《散原精舍诗文集补编》，页 3。杜俞《黄陵诗钞》，海岳轩丛刻，叶 2B，光绪丁未（1907）苏州重刊。

② 《邓辅纶父子集·邓辅纶集》，页 152。

③ 《邓辅纶父子集·邓国瑊集》，页 187。

④ 翟衡玑《清署湖南布政使杜君云秋事略》。贻经楼是邓家藏书和家塾处所。楼高三层，我住邓家时楼扁尚存，当时供乡公所民警驻扎和住宿。

舍学规》就是杜俞所撰。① 他有感于当地"文献之衰落,惧学者之无所矜式,乃访求河内李文清公棠阶遗书",让杜俞审定,以便广为传播。经杜俞整理校雠,编成《李文清公遗书》总若干万言。② 陈三立前妻《罗孺人墓志铭》也是他所作。③ 可见陈氏父子对他的器重和信任。

杜俞因父亲去世,奔丧回湘乡。光绪九年(1883),陈宝箴升任浙江按察使,因被张佩纶弹劾,次年也罢官回到湖南。杜俞又和陈三立等聚首于长沙。陈三立偕杜俞、翟行义同访陈锐就在这年二三月间。④ 随后杜俞受署理湖广总督卞宝第聘请,参与幕府。⑤ 翟衡玑也因事将赴岳阳,何承道作《赠云秋之武昌节府兼送孚侯之岳阳》五言诗为他们送行。⑥ 陈三立也作《送杜俞之武昌督府》五律三首。⑦

法国侵略越南,开启中法战争,参劾陈宝箴的张佩纶任会办

---

① 《郭嵩焘日记》卷四光绪八年正月十五日,页 254。
② 杜俞《李文清公遗书叙》,《元穆文钞》卷上,海岳轩丛刻,叶 5B。
③ 《散原精舍诗文集补编》,页 211—212。
④ 《陈三立年谱长编》上册,页 134。翟行义,即翟衡玑,下文详述。
⑤ 杜俞《海防说略叙》:"法越事起,余客鄂督卞公。"《元穆文钞》卷上,叶 14B。
⑥ 转引自《陈三立年谱长编》上册,页 134。
⑦ 《散原精舍诗文集补编》,页 14。《陈三立年谱长编》系于光绪八年三月,恐误。上册,页 112。

福建海疆事，法舰溯闽江而入，清军闻炮声大溃，佩纶逃奔到鼓山麓，杜俞从在福建任官的湖南人刘朴堂得知，说亲见佩纶"跣足狼狈之状"。杜俞从湖北写信告知陈三立，三立又将信交郭嵩焘看，充分显示杜俞和陈家乐见这位政敌出丑的心情。①

几年后，杜俞也回到长沙，据陈家的前塾师廖树蘅回忆，光绪十三年（1887），陈三立父子居蜕园，杜俞和罗正钧、曾广钧、陈锐、文廷式等常来陈宅，"文酒之会几无虚日"。② 次年，三立岳父罗亨奎去世，陈宝箴亲撰祭文，寄给杜俞"嘱参末议"，陈三立还要他写行状。③ 陈宝箴为湖南巡抚涂宗瀛（1812—1894）庆寿，《寿叙》即由杜俞代作。④

光绪十九年十月，杜俞经钦差出使英法义比大臣龚照瑗派充二等参赞，行抵上海，因病请假回籍调理。陈三立也得到消息，写信给罗正钧，说明是"以妻丧告归"，惋惜他"致壮游不遂"。⑤

---

① 《郭嵩焘日记》卷四光绪十年九月二十二日，页507。

② 廖树蘅《自订年谱》，转引自《陈三立年谱长编》上册，页188。

③ 杜俞《采芝堂笔记》卷上，海岳轩丛刻，叶6A，12B。

④ 杜俞《涂朗轩中丞七十寿叙——代陈右丈作》，《元穆文钞》卷上，叶11A。

⑤ 《清代官员履历档案全编》（6），上海，华东师范大学出版社，1997年，页84。梅焯宪编，廖树蘅撰《珠泉草庐师友录》卷七罗正钧《劬盦书札》（二）。

此后，杜俞已官至江苏候补道。光绪二十一年，他曾写信给陈三立，向新任湖南巡抚的陈宝箴荐举将才。[①] 次年，曾国荃之孙光禄寺卿曾广汉上折保荐人才，其中就有杜俞和陈三立。[②] 二十四年，光绪帝开始变法，陈宝箴于六月十八日上《密保京外贤能各员折》，力推"江西试用道杜俞，通达治体，谙习时务，于中西兵事精心考究，多有心得。近年统带江南防营，深资得力"。[③] 七月，光绪谕旨，根据陈宝箴的奏折，让杜俞等被荐各员"预备召见"，其中包括后来被斩的戊戌六君子中的"内阁候补侍读杨锐"和"刑部候补主事刘光第"。[④]

戊戌政变失败，六君子被处斩，陈宝箴"坐滥保匪人，废斥不用"。[⑤] 不久死于原籍江西。参与维新的杜俞可能得到两江总督刘坤一的保护，反而在光绪二十五年（1899），以江苏候补道出任两江营务处提调、总办。刘坤一出身于新宁江宗源、刘长佑的楚军系统，太平军开始在广西境活动时，江宗源等即

---

① 杜俞《致陈伯严》，《采芝堂书牍》卷二，海岳轩丛刻，叶9A—11B。

② 《光绪宣统两朝上谕档》，桂林，广西师范大学出版社，1996年，册22，页73。

③ 《陈宝箴集》上册，北京，中华书局，2003年，页807—808。

④ 《清德宗实录》光绪二十四年七月甲子，《清实录》(57)，北京，中华书局影印，1987年，页556上。

⑤ 范当世《湖南巡抚义宁陈公墓志铭》，《续碑传集》卷三〇，《清代传记丛刊》(116)，页623。

奉调入桂作战。邓仁堃父子也以抵抗太平军同列中兴将帅，邓家大甸接近新宁境，邓家与刘长佑等新宁大家联姻，深得邓辅纶兄弟欣赏的杜俞也因此得到刘坤一的信用。

光绪二十六年四月，陈三立也迁家江宁，与杜俞又恢复联系。这时义和团在北方兴起，五月十日，杜俞发电报给刘坤一，认为"直东拳匪不剿办，将成流寇"，各国也会借保护侨民为名，乘机侵略，请求"密商政府，速图之"。七天后，又发"事势如此，请密备北援"之电。二十四日亲赴南京，向刘坤一"条陈十四事，首请密饬沪道，与各国领事会议，力任保护长江一带西商身家性命，以杜外人生心干预之渐"。杜俞坚信："非此不足以保东南大局，北省所为乃糜烂办法也。"事后有人赞叹："东南保护之约造创宏大，而不知其发端于微，尚有人焉。"① 同时，杜俞接到在京的湖南旧交礼部侍郎瞿鸿机来信，回信说：他已在五月十九日电禀刘坤一，"以为事势如此，宜密备北援"勤王。二十四日奉调赴宁，又复剀切面陈。月末仍拟晋谒刘坤一，"无穷（穷）之忧，不尽之怀，将一吐之"。②

五月二十二日，上海官员听闻义和团"据大沽口，江南震

① 刘景侨《海岳轩丛刻书后》。
② 杜俞《上瞿侍郎》，《采芝堂书牍》卷二，叶 18B—21A。

扰"。吴淞清丈工程局总办沈瑜庆赴江宁，与刘坤一面议东南
互保。陈三立也参与讨论，主张"迎銮南下"。[1] 三十日，张謇
和陈三立商议勤王的事宜，建议两江"以杜云秋（俞）为营务
处"，湖广"以郑苏龛（孝胥）为营务处"，领兵北上。[2]

据缪荃孙回忆，次年三月，应陆师学堂总办俞明震的邀请
前往看操，同席会餐的就有杜云秋（俞）和陈伯年（三立）、
陈伯陶（锐）等湖南旧友。[3]

湖南新化人邹代钧，继承祖父汉勋擅长地理沿革的家学，
又从国外学习近代测绘地图的知识，光绪二十二年（1896），
在陈三立、汪康年等赞助下，在武昌创办舆地学会，筹备编制
《中外舆地全图》，想通过发行股票筹集经费，向在南京的陈三
立求助。他在二十七年三月给汪康年的信中说："敝图事……
刻下窘迫万分。……昨伯严信来云：杜云秋允为设法。顷已将
股票寄金陵。"接着又有信："图事现在伯严已托杜云秋代为销
股票，杜允销数十分，多则百分。"[4] 这不仅见证杜俞和陈三立

---

① 张謇《啬翁自订年谱》，《张謇全集》（8），上海辞书出版社，2012
年，页819。
② 张謇《柳西草堂日记》，《张謇全集》（8），页390。
③ 缪荃孙《艺风老人日记》光绪二十七年三月二日，页1343。
④ 邹代钧《与汪康年书》（九六）三月七日、（一百），《汪康年师友书
札》，上海古籍出版社，1989年，册3，页2806，2811。

的友谊，也反映他俩同样乐于支持新生的事物。

这时陈三立开始同日本人交往，这年七月，陪同日人结城琢和中村兼善游焦山，出席"北固楼公宴"的还有"俞恪士(明震)、陶槑林（森甲）、杜云秋（俞）三观察"。[①] 朝廷开始推行新政，派杜俞和陶森甲、罗正钧往日本参观操练，十月末回到南京，陈三立设宴欢迎。[②]

光绪二十九年（1903）年末，陈三立长子衡恪的岳父范当世作七律一首，题为《云秋奉命治军淮上伯严招同为之寿五十既赠联语复足成一诗》，这是说杜俞带兵淮上，陈三立邀他一起庆贺杜俞的五十大寿。[③]

1902 年到 1905 年的广西，爆发了以天地会为核心，以游勇为主力的会党起义，清政府调七省军队和江南常备新军"会剿"，当年与陈三立和杜俞在城南校经堂同学的黄忠浩补授狼山镇总兵，三立有感于"故人始膺殊典，怅触今昔"，作五言

---

　① 陈三立《辛丑七月登焦山作》、《北固山阁夜时日本结城琢中村兼善及李亦元陶槑林俞恪士同游》，《散原精舍诗文集》上册，页 26—27；陈锐《陪陈伯严吏部李亦元刑部俞恪士陶槑林杜云秋三观察……结城琢中村兼善两君北固楼公宴即席和结城》，《袌碧斋集》卷五"七言律"，《清代诗文集汇编》(781)，叶 10A。

　② 陈三立《陶槑林杜云秋罗顺循由日本阅操还适易实甫亦归自西安》，《散原精舍诗文集补编》，页 257。

　③ 范当世《范伯子诗集》卷一八，《清代诗文集汇编》(777)，叶 11A。

长诗追忆同黄忠浩和杜俞的交谊："城南校经堂，灯火罗髦士。"其中"谈兵好大言，君与杜五耳（三立自注：谓杜云秋）"，后来"杜既西入蜀，持纛驻一旅。旋领江南军，控带还壁垒"。黄忠浩则被陈宝箴起用："先公镇沅湘，移君资扞抵。增募二千人，郊郭屯虎兕。"此后"侵寻十年间，黄杜声隆起"，"海内口两雄，号为知兵矣。桂岭久构乱，……杜黄同被命。……遮杜扼永郴，君独入腹里"。[①]后两句是说杜俞在湖南永州和郴州设防，黄则深入广西内部。《诗集》在光绪三十一年正月初一写的两首诗后，三立作《闻云秋自永州解兵还居长沙有寄》，特意寄诗给起义平定后回师的杜俞。[②]

宣统三年（1911），杜俞简任湖南布政使，未履任而清亡。辛亥革命他支持孙中山，后任民国参议院议员，六十九岁死于北京。著有《元穆文钞》等九种，汇编为《海岳轩丛刻》传世。

四

与陈三立、杜俞并称"三君子"的翟孚侯，名衡玑，又名

---

① 陈三立《黄泽生忠浩承诏以候选道改授狼山镇总兵喜故人始膺殊典怅触今昔述为斯篇》，《散原精舍诗文集》上册，页123—124。

② 《散原精舍诗文集》上册，页150。

行义（或作需义、元义）。一位在长沙的武冈人万祖恕写信称赞他："足下真才实学，抗节前贤，为辈流中所仅见。"又说"弟见在留省"，并问他："明年来省之说能践此约否？"还说曾同杜云秋会面，"亦言吾兄在州，见闻稍隘，不如到省，即看书亦容易也"。① 翟衡玑继光绪三年杜俞到长沙后，也来省城入思贤讲舍。六年，讲舍创办人郭嵩焘"接邓弥之书，举思贤讲舍生数人"。其中"翟需义，字孚侯，武冈州人，其年已逾三十，甚贫，好学"。②

此后，陈三立和杜俞随陈宝箴往河北道赴任，他们再回到长沙后，就有前述光绪十年（1884）陈三立"偕元穆、孚侯奉访"陈锐的事。接着"杜、翟两君又将远行"。③ 何承道作《赠云秋之武昌节府兼送孚侯之岳阳》诗。④ 陈三立也作《寄翟行义岳阳一首》和《寄翟孚侯岳阳并呈毛旭卿明府三首》，后三首中有句："乾坤余不死，风谊想平生。黯黯忧时泪，栖栖入世情。"既表达思念的友情，也担忧当时中法战事的时局。"武

① 《致翟孚侯》，《都梁文钞今编》，页351。万祖恕，字芳钦，光绪己丑（1889）举人。

② 《郭嵩焘日记》卷四光绪六年五月二十九日，页59。

③ 何承道《与陈锐书》（四），陈均辑《裛碧斋匦中书》卷一。

④ 《陈三立年谱长编》上册，页134。

昌书到不"，则是联想起他们共同的朋友，"时杜云秋客武昌"。[1]

杜俞视翟衡玑和陈三立为至交，说："改过不吝，余当以孚侯为法；直言无隐，余当以伯严为法。"[2] 翟衡玑后来官至江苏候补道，陈三立也安家于南京。宣统元年（1909），湖南名士王闿运到南京，江南文士开欢迎会，设宴胡园。会散后赴灯船，"李艺渊、翟茀侯（衡玑）为主人"，与会者就有陈三立。[3] 二年，江南高等实业学堂黎经诰（觉人）宴请缪荃孙等人，同席者有翟福侯、陈伯严等人。[4]

辛亥革命爆发，陈三立率全家"避难沪上"，民国四年（1915）四五月间，迁回南京。翟衡玑曾来陈宅叙旧，三立作《翟孚侯过话有赠》五古一首。前四句："翟侯脱兵戈，初逢春申渎。悄步衢市间，揽袂不敢哭。"是说翟也在辛亥避难上海，还同三立相遇于街头。后来"岁积消息断"，"传闻匿京师，下帘拥馔粥。凤擅君平易，遂卖季主卜"。转到北京，靠下帘卜

---

① 《散原精舍诗文集补编》，页30；《清末名贤手札》，转引自《陈三立年谱长编》上册，页150。

② 杜俞《元穆日记》卷一，海岳轩丛刻，叶14B。

③ 王闿运《湘绮楼日记》卷五宣统元年五月廿六日，长沙，岳麓书社，1997年，页2982—2983。

④ 缪荃孙《艺风老人日记》二月一日，页2258。

筮算卦混口饭吃。几年后又回到南京，"戢影钟山麓"。这次重逢，"自言更忧患，冥悟发往牒"，"著书列数卷，仓卒授写录"。可能是将他这几年通过卜筮算卦的研究成果，写成他的《太易会通纬》，并将誊抄本送给陈三立。① 次年，陈三立又作《孚侯至》一首，诗中说他俩都很少出门，"出必笑相逢"。"子有京房易，吾哦杜甫松"，你研究《易经》，我吟哦杜甫的诗，皆能自得其乐。② 又有《同孚侯剑泉饮沽肆》一首，在"昏灯矮屋客愁翻"的酒馆中，"对酒江南两秃翁"一起发发牢骚。③ 接着又有《过翟孚侯》七绝一首，诗中问"下帘卖卜得钱无"？这位前清官员现在只能借卖卜算命为生了。④

翟衡玑是通过武冈同乡邓辅纶推荐，才结识郭嵩焘和陈三立等人。邓辅纶之子国璪的文集中有《美玉行赠翟四孚侯元义》诗一首，前四句赞美他："都梁石林法相妍，巨璞韬晦三十年。偶得大匠去圭角，一扫凡玉空蓝田。"都梁是武冈的古

① 《散原精舍诗文集》上册，页 463。

② 《散原精舍诗文集》上册，页 514。翟衡玑晚年潜心《易》学，著《太易会通纬》六卷（铅印本）。又著《丁巳消寒录》（铅印本）、《权言》（清宣统元年金陵书局铅印本）。

③ 《散原精舍诗文集》上册，页 515。

④ 《散原精舍诗文集》上册，页 552。

称，法相岩是武冈的石林美景，比喻他是深藏于此的巨璞。[1]
翟衡玑也作有《幼弥亲家七十华寿作此以当面祝千秋》一首，[2]
称呼表明他俩原来是至亲儿女亲家。

邓琅的诗集自称主要仅存民国时期的诗。关于翟孚侯的
诗，有民国三年（1914）在北京相遇时所作《偕孚侯夜游望园
烹茗久坐而归》和《赠翟孚侯观察衡玑》两首。[3] 大约在 1922
年，邓琅又来到北京，所作《都门感怀》中有句："都门暂栖
止，与时寡周旋。一二旧老苍，谈笑无拘牵。"注中说明，"旧
老苍"中有"翟孚侯、杜云秋两观察（清道员的别称）"，可见当
时这二位都在北京。[4]

五

邓子竹来我家时，我虽然还在童年，但留下了深刻的印

---

① 《邓辅纶父子集·邓国瓛集》，页 186。
② 《都梁文钞今编》，页 554。
③ 《邓辅纶父子集·邓琅集》，页 273，274。下文《偕戴民辅侄倩夜游
什刹海》诗注：予于民国三年屡来游；又《追和袁叔舆户部甲寅送予入都元
韵》诗则称甲寅入都。页 311，339。都肯定邓琅进京并会见陈三立"传闻匿
京师"的翟衡玑是 1914 年。
④ 《邓辅纶父子集·邓琅集》，页 308。

象。后来回想此事，自忖我家本是平民百姓，与官宦邓家有何牵扯呢？早年我对祖上的经历了解甚少。我祖父墓地除坟前墓碑外，坟后墓围正中有三块石刻文字，近年才托人抄出。中间是大字"周君明斋先生墓表"，左右两块是表文。作者署"前清奉直大夫四品衔江苏知县同学弟宗人用成谨撰"，表文中说："君姓周氏，讳顺煌，字明斋，吾师仑岗先生之元子也。先生讳秉球，用成少从学于洞头峰古寺，君与其弟心斋随来，年十余岁。……既复从彭琴斋先生于城南邓祠，时同学多英俊，如翟君孚侯、杜君云秋皆才气不可一世，而君昆仲不少让。……清光绪季年，翟、杜二公与余同官江宁，偶谈昔年读书之乐，及询同学诸人，而君昆仲则既殁矣。"

《墓表》的作者周用成，字莲墀、莲池，号芷溪，前清恩贡生。历任江苏知县。前引张成德《复邓子竹书》提到："大稿初读，……《赠莲池序》豪迈嵚崎，不可一世。"子竹赠序的"莲池"，也就是与他发起成立云山耆旧会的周用成。用成家住武冈大甸乡纸槽里。我家由大路去大甸，纸槽里处于中途，各相距七八里。我曾祖父仑岗先生是个廪生，办私塾授徒，与用成有师生之谊，祖父兄弟又是他的同学，所以我父、叔请他撰写《墓表》。

周用成在《墓表》中所说"才气不可一世"的翟孚侯和杜

云秋，正是前文提到，经邓弥之兄弟推荐给陈宝箴并成为陈三立好友的翟衡玑和杜俞。《墓表》中说：相对翟、杜二人，明斋"昆仲不少让"，显然是诔墓的客气话，但他们曾同学确是事实。周、翟、杜等在南京为官一起话旧时，总算还能记起这两位早逝的同学。邓仁堃"尝捐金千五百创祖祠"，[①] 就是周用成所说他们同学的"城南邓祠"，也就是前述邓弥之兄弟每月必至的家庙，他俩"喜奖掖后进"，当然会同我祖父兄弟等学生们接触并有所了解。虽然邓家乃官宦之家，然而周氏兄弟的同学与邓家关系如此密切，又是乡邻，至少是知名的，邓子竹陷于穷困有助而来，我父按乡里旧俗，理当视他为长辈尊礼接济，这也是我对当年所见旧事的理解。

《书后》云："近四十余载，久不通闻问，疑有不可究诘者。呜呼！八十年间，天下之变多矣。元礼文举之通家，随五铢白水之旧朝，同其蜕革，又奚足异哉！"李锦绣诸先生已指出用典出处，"元礼文举之通家"是借用《后汉书·孔融传》李膺（字元礼）和孔融（字文举）结交的典故，因孔融自称与李膺是"累世通家"，相当于陈、邓两家的关系。"五铢白水之

---

① 李元度《江西按察使邓公家传》，《续碑传集》卷三六，《清代传记丛刊》（117），页80。

旧朝",因汉行五铢钱,汉光武帝刘秀起于春陵之白水乡,"五铢白水"意指汉朝。曹操挟持汉献帝为傀儡,汉朝已名存实亡,故称"旧朝",相当于现代以前的清朝。近"八十年间,天下之变多矣",随着清王朝的灭亡,陈、邓两家"同其蜕革",命运之不可测是不言而喻的。因此,他怀疑"近四十余载,久不通闻问,疑有不可究诘者",即不敢深究,但他决不会想到,邓家早已衰败,命运竟如此凄惨。

值得注意的是,《书后》是陈寅恪为冼玉清教授而作,陈三立"致邓子竹丈手札二通"是冼教授所收藏,李开军编《散原精舍诗文集》、《补编》和《增订本》都没有收入这二通手札。如能揭示手札原文,我想对揭示陈、邓二家的关系,以及触发陈先生感慨的细节更有帮助。

(本文原载《中华文史论丛》2020年第4期,标题有修改)

钱锺书与陈寅恪学术交集之意义

王水照

2020 年是钱锺书先生诞辰一百一十周年。一位朋友在病中与我通电话，建议我把这些年来所写的有关钱先生的文字汇辑成集，以作纪念。我十分犹豫。我和钱先生相识相交算来共有三十八年，前十八年在北京的中国社会科学院文学研究所，跟随他治学和工作，承他耳提面命，不弃愚钝，对我的成长花费不少心力，他是我学术道路上最重要的引路人；后二十年虽分隔京沪两地，仍不时请益，常得教言。值此冥寿之际，理应奉上一瓣心香。然而，自审已经发表的文字，对钱先生的人生经历了解不深，对他的学识涵养、格局眼界更尚未摸到门径，好像一份不合格的作业，如何拿得出手？我曾经主持的国家社会科学基金项目"钱锺书与宋诗研究"，虽已结项却未成书；打算撰作的《钱锺书学术评传》仅只完成第一章，真是愧对先生。但毕竟如今得亲炙于先生者，已为数不多，我还是有向年轻学子述说自己感受的冲动，似乎也是一种责任。

《钱锺书的学术人生》内容大致包含钱先生其人、其事、其学三项，厘为四辑：第一辑涉及生平经历和学者日常风范，第二辑记述与学术有关的事件，第三、四两辑则关于"钱学"，又大致依《宋诗选注》、《宋诗纪事补正》、《钱锺书手稿集》几部著作为重点展开，尤倾力于《手稿集》的研读，特立专辑。内容均集中在宋代文学，兼及唐代文学。为便于读者阅读，又增设若干小标题，以醒眉目。这一设计希望能使原先零散无序的文章，略具条理性和系统性。各辑分类容有不当，钱先生的人生本来就是有学术的人生，他的学术又与生命息息相关，是不容截然分离的。

有位年轻朋友当面对我说："你写的有关钱先生文章是'仰视'，我们则认为应该用平视的视角。"我欣赏他的直率，更佩服其勇气。我也听懂他话外的意思：一是切勿随意拔高，二是力求叙事真实。这确应引以为戒。我曾作过一次"记忆中的钱先生"的讲座，题目是主办方出的。这个题目，钱先生在世一定不能认可：他既反对别人研究他，又对"记忆"作过调侃："而一到回忆时，不论是几天还是几十年前，是自己还是旁人的事，想象力忽然丰富得可惊可喜以至可怕。"① 鲁迅也写过回忆性散文，就是《朝花夕拾》。他在"小引"中说："这十篇就是从记忆中抄出来的，与实际容或有些不同，然而我现在只记得是这样。"② 鲁迅的"现在只记得是这样"，不失为可以践行的一条原则，也不算违背"修辞立其诚"的古训吧。本书所记不少是我亲见亲闻，自信力求真实，即使是传闻之事，也经过一些考查。至于"仰视"云云，则情形比较复杂。我不能花两个星期温一遍《十三经注疏》；不能看过宋人三百多家别集，一一作过笔记；不能读遍明清人别集，"余父子集部之学，当继嘉定钱氏之史学以后先照映"；③ 不能按照图书馆书架一整排一整排地海量阅读；更不能留下多达四十几卷的手稿集……仅此数端，"仰视"视角自然形成。装作"平视"甚或"俯视"，不是太不自然了吗？当然，不要因"仰视"而影响论析的客观性、科学性，这是很好的提醒。

早在 2006 年白露节，一位研究宋代文学卓有成就的朋友给我来信，郑重而认真地对钱先生学问提出全面质疑。信函多

---

① 钱锺书《〈写在人生边上〉和〈人·兽·鬼〉重印本序》，《人·兽·鬼》，《钱锺书集》，北京，生活·读书·新知三联书店，2002 年，页 134。

② 鲁迅《朝花夕拾》，北京，人民文学出版社，1979 年，页 2。

③ 钱基博《〈读清人集别录〉小序》，《钱基博集：序跋合编》，武汉，华中师范大学出版社，2014 年，页 105。

达四页，畅所欲言，略无避讳，"自来与兄坦诚相见"，令我十分感动。他讲了六点意见，概括起来是两条：一是钱先生只是资料罗列，知识堆积；二是缺乏思想，更无体系，"纵观全部著述，没有系统"。这两条实是互为表里，互证互释的。我一时无力作答，延宕至今，有愧朋友切磋之道。但在我以后所写的有关钱先生文字中，内心始终悬着这两条，循此而与他进行讨论和探索，只是没有明言罢了。这次编集本书时，我踌躇再三，决意全文公布钱先生给我的一封论学书简和两份学术档案，也是为了继续讨论和探索这两个问题。

1984 年秋，我应日本东京大学之邀，去该校授课。离国前曾去北京教育部办理手续，并向钱先生话别，谈了一个上午。一是日本学者的中国学研究，二是关于陈寅恪先生的《柳如是别传》（他有对此书的评注本）。他告诫我在外面不必过于谦抑。我到日本后，除授课外，主要精力放在去各大图书馆访书。原以为不会有多大收获，不料偶然见到两种中土久佚而仍存彼邦的我国古籍：一是《东坡先生年谱附眉阳三苏先生年谱》，二是《王荆文公诗李壁注》（朝鲜活字本）。我写信向他汇报，他习惯性地夸奖几句后，即写下一大篇关于不要迷信资料、死于句下的文字，是有关资料与研究辩证关系的极重要的精辟论述，也可以视作对他某种质疑的一次回应。他说："学问有非资料详备不可者，亦有不必待资料详备而已可立说悟理，以后资料加添不过弟所谓'有如除不尽的小数多添几位'（《宋诗选注·序》）者。"资料是研究学问的前提和基础，这是毋庸置疑的；但不必迷信资料，片面贪多务得，成为资料的奴隶。他接着讲了两个亲历的故事：一是他论述《老子》中神秘主义基本模式，并不"求看"新出土之马王堆汉写本《德道经》；二是参观美国国会图书馆，发出豪语："我亦充满惊奇，惊奇世界上有那么多我所不要看的书！"没有博览群书、海量阅读的底气，这番惊骇现场的豪语就会变成狂言了。"虽戏语，颇有理，告供一笑"。在研究工作中理应详细地占有资料，但切忌买菜求益，唯多是求，这个"理"是严肃认真的。然而，信的末尾，他又笔锋一转，告我新本《谈艺录》即将问世，"偶检存稿"，发现"可增删处往往而有"，至少论但丁和梅尧臣两处应补意大利人博亚尔多和苏东坡的相关材料。足见念兹在兹，资料是基础和前提这条根本法则是不容动摇的，重要的是实现对资料的自主占有和驾驭。

粗读钱先生的著作，总会感到引证繁复，不免目迷色眩，但细加覆按，他的排列和选择是有内在理路的。《宋诗选注》的注释，精博富赡，乃他人不可及之处，却被称为"挖脚跟"，实在是种误读。他送给我该书 1962 年再版本，我曾与初版本加以对勘，光是诗例引证一项，至少有三种形式：一是按时代顺序排列，有些平列感；二是从比较中点评各个诗例的特点；三是引例后发表大段议论。尤其是撤换了大量例证，个中原因，大堪玩索。仅举开篇郑文宝《柳枝词》"不管烟波与风雨，载将离恨过江南"两句，他先说此诗很像唐韦庄的《古离别》，但比韦诗"新鲜深细得多了"，这是讲承前。接着讲启后：周邦彦《尉迟杯》词是整首改写郑诗，石孝友《玉楼春》把船变为马，王实甫《西厢记》把船变为车，陆娟《送人还新安》又把愁和恨变成"春色"。尤其令人寻味的，删去初版苏轼等六个诗例，那些诗例也是披沙拣金、辛苦搜集到的。这只能说明，资料在钱先生手中，是自由挪捏、依理驱遣的活材料，而不是死于材料之下，这才是对资料的正确态度。

钱先生说，获取资料是为了"立说悟理"，从资料到知识，再到思想和体系，应是研究工作的一般进程。匡亚明先生主编《中国思想家评传丛书》有个重要主张，凡是对人类文化作出杰出贡献的人，必有杰出思想甚或思想体系，因而他不仅收入传统意义上的"思想家"，还收入众多旧时只能进入"畸人传"的自然科学方面的杰出人物。他在丛书"总序"中作过深刻的说明。钱先生存世的文化遗产可谓洋洋大观，怎么成了"纵观全部著述，没有系统"的思想碎片的汇集？这是我的困惑和焦虑。我在悼念钱先生的《记忆的碎片》中写道：

> （钱先生）没有给出一个现成的作为独立之"学"的理论体系，然而在他的著作中，精彩纷呈却散见各处，注重于具体文艺事实却莫不"理在事中"，只有经过条理化和理论化的认真梳理和概括，才能加深体认和领悟，也才能在更深广的范围内发挥其作用。研读他的著述，人们确实能感受到其中存在着统一的理论、概念、规律和法则，存在着一个互相"打通"、印证生发、充满活泼生机的体系。感受不是科学研究，我无力说个明白。①

这段文字写于钱先生逝世后第三天，似乎给我自己定下了一个努力目标。虽然也作过一些谋划，然而由于主客观条件的限制，大都未能完成，愧悚不已。也提出过《宋诗选注》的"四种读法"，从《容安馆札记》梳理钱先生的南宋诗歌发展观，"晚唐体"是把握南宋晚期诗歌风格的核心概念等个别问题，

---

① 拙撰《记忆的碎片——缅怀钱锺书先生》，《鳞爪文辑》，西安，陕西人民出版社，2008 年，页 8。

都未能从全局上解决问题。

我想可以扩大思路，从多种角度去探讨所谓"体系"问题。这里提出一个钱先生与陈寅恪先生学术思想观点的交集问题，或可从中抽象出一些系统性的问题。

陈先生长钱先生整整二十岁。吴宓先生在清华工字厅提出的"陈钱并称论"，其着重点在于极度推重钱氏，若推测当事人的内心反应，陈先生或许一笑了之，而在钱先生那里，可能颇为微妙了。后来学术界逐渐发现两人学术观点多有差异（主要是钱质疑陈），但出于对他们的尊重和礼貌，并未展开讨论。近年来讨论才热烈起来，形成了"陈钱异同论"这个极有学术价值的议题。本来，展开平心静气的学术争辩是正常的现象，大学生时代的钱锺书就富于挑战权威的精神，与周作人关于新文学源流的争论，就是著名的事例。他还在暑期夜晚纳凉与父亲钱基博先生论争陈澧《东塾读书记》与朱一新《无邪堂答问》的高下问题，父崇陈而子重朱，几个回合，最后以陈为经生之书、朱为烈士之作而勉强取得一致（见钱基博《古籍举要序》）。我在复旦大学讲授宋代文学，也戏向学生出个论文题目"当朱老遇到钱老"：朱东润先生推重梅尧臣和陆游，为他俩各贡献了三种著作，钱先生的《谈艺录》等著作却对梅、陆多有苛评，其间的区别大概也有志士和才子不同立场的投影吧。

陈先生和钱先生最直接、最根本的不同学术取向，乃是历史学家和文学家的区别。作为历史学家，陈先生观察世上的万事万物都是"历史"，"诗"也是史料，于是"以诗证史"、"诗史互证"成为他倡导并运用成熟的研究范式；钱先生却在"打通"的基础上，强调"史必征实，诗可凿空"、"史蕴诗心"，甚至想写一部哲学家的文学史，由此形成他若干一以贯之的思想原则。

我这次编集本书时，全文收入钱先生给我的两篇审稿意见，一论韦庄，一论唐诗，却不约而同地向陈先生发出质疑，就包含上述内容。

我的《韦庄与他的〈秦妇吟〉》一稿，讨论对象是向迪琮先生所编的《韦庄集》。钱先生说，此书"始托'诗史'之名，借以抬高韦庄"，"抬出与杜'诗史'并称"，韦庄一生"崇奉"杜甫。这里"崇奉"、"抬高"、"诗史"三个关键词，其实都或明或暗地针对陈先生。钱先生明确写道："忆陈寅恪先生《秦妇吟笺释》即以'浣花名集'为韦崇奉杜之证……同一捕风捉影，文学批评中之'考据'必须更科学，更有分析。"这是迄今所见钱先生第一次点名批评陈氏的文字，且系给《文学评论》编辑部的审稿意见，应属半公开性质。钱先生对陈氏"崎岖求解"（张载语，见朱熹《诗集传·诗传纲领》）的历史考据方法的非议是不假讳饰的。陈氏《韦庄秦妇吟校笺》（见《寒柳堂集》）中论定《秦妇吟》"为端己平生诸作之冠"，又以"生平之杰构，古今之至文"十字评赏之，可谓"抬高"之至；而钱先生在《容安馆札记》第 789 则却又详细指摘此诗艺术上缺失之处，如"支蔓失剪"、"详略失当"，结尾"令人闷损"等，①两者对照鲜明。至于"诗史"一语，钱先生从根本上加以摈斥。《管锥编》云：

> 盖"诗史"成见，塞心梗腹，以为诗道之尊，端仗史势，附合时局，牵合朝政；一切以齐众殊，谓唱叹之永言，莫不寓美刺之微词。远犬吠声，短狐射影，此又学士所乐道优为，而亦非慎思明辩者所敢附和也。学者如醉人，不东倒则西欹，或视文章如罪犯直认之招状，取供定案，或视文章为间谍密递之暗号，射覆索隐；一以其为实言身事，乃一己之本行集经，一以其为曲传时事，乃一代之皮里阳秋。楚齐均失，臧谷两亡，妄言而姑妄听可矣⋯⋯苟作者自言无是而事或实有，自言有是而事或实

---

① 《钱锺书手稿集·容安馆札记》（3），北京，商务印书馆，2003 年，页 2488。

无，尔乃吹索钩距，验诚辨诳……专门名家有安身立命于此者，然在谈艺论文，皆出位之思，余力之行也……康德论致知，开宗明义曰："知识必自经验始，而不尽自经验出。"此言移施于造艺之赋境构象，亦无伤也。①

诗是诗，史是史，两者虽可用以互证，却各有其本质属性，不容混一。于艺术真实和历史真实的区别，大畅其旨，具见钱先生着眼所在。在《宋诗选注·序》中，他又有一段论述：

> "诗史"的看法是个一偏之见，诗是有血有肉的活东西，史诚然是它的骨干，然而假如单凭内容是否在史书上信而有征这一点来判断诗歌的价值，那就仿佛要从爱克司光透视里来鉴定图画家和雕刻家所选择的人体美了。②

陈先生是否有对"诗史"的直接论述，待考。但钱先生此处所言，仿佛都有其影子在。陈先生论《长恨歌》，于赐浴华清池

---

① 钱锺书《管锥编》(4)，北京，中华书局，1979 年，页 1390—1391。
② 钱锺书《宋诗选注》，北京，生活·读书·新知三联书店，2002 年，页 3。

那段绝妙好辞，指责时间不合，应在"冬季或春初寒冷之时节"，且"其旨在治疗疾病，除寒祛风"，而非"消夏逭暑"；于"六军"谓数字不合，考当时唐皇室军队实只有四军；于"峨嵋山下少人行"句，又谓地理有误，唐明皇未行经该地，但此例尚"不足为乐天深病"，算是网开一面；而华清池之长生殿，乃"祀神之斋宫，神道清严，不可阑入儿女猥琐"，这就是白居易的"失言"了（均见《元白诗笺证稿》）。钱先生所谈的"吹索钩距，验诚辨诳"，"专门名家有安身立命于此"，用爱克司光透视人体美等语，不免令人联想到陈先生的身影。钱先生批判"诗史"概念，对他与陈先生在诗学观念上的根本分歧，作了深刻的阐述。

这是钱、陈观点交集的第一例。

我在《唐诗选·前言》中，从士族、庶族的社会身份分野，论述唐代进士科"以诗取士"，进而探讨唐代一般诗人的社会身份，以及唐诗繁荣原因，都深受陈先生论史的影响。以门阀士族和寒素家族的对立论史，是他史学的基石，近年出版的万绳楠《陈寅恪魏晋南北朝史讲演录》（贵州人民出版社，2007年）全书即以此为中心线索予以论述。在《唐代政治史述论稿》中，他写道："沈曾植先生之言曰：'唐时牛李两党以科第而分，牛党重科举，李党重门第。'寅恪案：乙盦先生近世通儒，宜有此卓识。"① 而牛、李两党，其社会身份即各为"庶族新兴阶级"和"门阀世族"，牛党所重"科举"即特指进士科，李党所重"门第"，即世家大族。陈先生很少在著作中称引当世学者见解而自重，此处乃为特例；且推重为"卓识"，无疑也是对己说的自信和自许。对于这个陈先生自以为"卓识"的见解，钱先生却表示异议。他在审稿意见中写道："……与郑覃事合观（抬出《诗三百篇》来抵制文宗"诗博士"之举），便知仇视'进士'不仅是世家子弟反对选举，还包含着自周、隋以来经学对词章的仇视，即'儒林'对'文苑'的仇视（在宋如道学家之于诗文人，在清为考据家之于词章家，在现代欧美如科学家之于人文学家，所谓"两种文化之争"），此点文中不必详说，但措辞须稍减少简单化，除非能证'明经'派都是贵族世家。韩愈《答殷侍御书》可以一读。殷即殷侑，大经学家——是征'进士'和'经书'是两门学问，但'进士'与'明经'不一定是出两个社会阶层（殷当时已官为侍御）。"在钱先生看来，认同或贬斥进士科之争，不是牛、李两党之争，也不是士族和庶族两个社会阶层之争，而是"两种文化之争"，这与陈先生颇异其趣。

---

① 陈寅恪《唐代政治史述论稿》，上海古籍出版社，1982年，页86。

陈先生的这个观点在学术界引起过讨论。对于牛党出于庶族、李党出于士族，中外学者多从成员的个案调查结果来加以反驳，如同在中山大学任教的岑仲勉先生和日本京都大学的砺波护等。然而，陈先生的见解有其材料的坚实基础和理论上的自足性，不是简单方法就能完全驳倒。他首先说明，"牛李党派之分野在科举与门第"这是个"原则之大概"，但"牛李两党既产生于同一时间，而地域又相错杂，则其互受影响，自不能免"，牛党可以变李，李党可以为牛，但不影响这个大判断。接着又分析三种复杂情况：一是牛李两党的对立，根本在于山东旧族（华山以东的王、崔、卢、李、郑等士族）与由进士词科进用之新兴阶级两者互不相容。而李唐皇室原属关陇集团，与山东旧族颇有好感，但唐中叶后，其远支宗室地位下降，已大别于一般士族，处于中立地位。二是有的号为山东旧族者，门风废替，家学衰落，此类"破落户"已与新兴阶级同化，无所分别。三是凡牛党或新兴阶级所自称之门阀多不可信。凡此种种，单用实证主义户籍调查式的考辨方法就无济于事了。

钱先生却从"两种文化斗争"的角度质疑，可谓另辟蹊径。这是一个颇有历史穿透力的大判断。论述未畅，留下许多未发之覆，可供后辈进一步探讨。钱先生也不是一般地反对文学群体与社会身份相系联，比如对南宋"江湖派"，他就提出

"江湖诗人之称，流行在《江湖诗集》之前，犹明末之职业山人"（见于给我的信），与江湖派起于陈起编印《江湖集》的旧说相左。他认为这是一个"江湖之士以诗驰誉者"（陈振孙《直斋书录解题》）的社会群体，而不是真正意义上的文学诗派。① 说唐代进士问题之争怀疑其存在士族、庶族的社会阶层背景，说江湖诗人却承认此乃一游走江湖的社会群体，在文学与阶层的关系上，一截断，一相联，均反映出钱先生论学的文学本位立场。

这是钱、陈观点交集的第二例。

1978 年 9 月，钱先生在意大利参加欧洲研究中国协会第 26 次会议，第一次以"不点名而点名"方式公开对陈寅恪先生发出质疑。他说：

> 文学研究是一门严密的学问，在掌握资料时需要精细的考据，但是这种考据不是文学研究的最终目标，不能让它喧宾夺主，代替对作家和作品的阐明、分析和评价。

----

① 可参观《读〈容安馆札记〉拾零四则》一文，收入拙撰《钱锺书的学术人生》，上海，中华书局，2020 年。

他接着举例说：

> 譬如解放前有位大学者在讨论白居易《长恨歌》时，花费博学和细心来解答"杨贵妃入宫时是否处女"的问题——一个比"济慈喝什么稀饭"、"普希金抽不抽烟"等西方研究的话柄更无谓的问题。今天很难设想这一类问题的解答再会被认为是严肃的文学研究。①

话题是杨贵妃宫闱隐秘，批评确是严肃的。参加这次会议的中国代表团，是"四人帮"粉碎后由中国社会科学院首次派往国外的，由四位副院长（包括钱先生）组成，规格甚高；陈、钱两先生，两度同在清华，却无交往；仅有一次是后来陈先生主动将《元白诗笺证稿》寄赠于钱，而杨贵妃问题恰恰就在此书第一章论《长恨歌》中提出。这表明钱先生并不因私谊而放弃自己的学术理念，旗帜鲜明地向一种研究风气进行挑战。

陈寅恪先生的"诗史互证"法是他运用纯熟、新见迭出、影响深远、广受好评的研究方法，《元白诗笺证稿》即是代表

---

① 钱锺书《古典文学研究在现代中国》，《人生边上的边上》，《钱锺书集》，页179。

著作。钱先生的"打通"法也是他研究的重要方法，他的诗史互证也获得丰富的精彩成果。然而，两位同擅"诗史互证"法，其出发点和落脚点及考证风格却大异其趣。钱先生的不满，简言之有二：一是"喧宾夺主"，文学是"主"，历史考据是"宾"，历史考据"不是文学研究的最终目标"，不能"代替对作家和作品的阐明、分析和评价"。他在批评中，处处突出以文学为本位的原则。他判定考据杨贵妃入宫事是"无谓的问题"，是严格限制在文学范围之内的，连举的两例（济慈喝稀饭，普希金抽烟），也是两个文学家的"话柄"。二是"深文周纳"，"以繁琐为精细"的考证风格。其实早在"文革"中成书的《管锥编》里，已表示对讨论杨贵妃入宫事的厌烦。该书第一四五则论中写道："闲人忙事，亦如朱彝尊《曝书亭集》卷五五《书〈杨太真外传〉后》、恽敬《大云山房文稿》初集卷一一《驳朱锡鬯〈书杨太真外传后〉》以来之争辩'处子入宫'，烟动尘上，呶呶未已。"① 陶潜因有二子"不同生"诗句，引发争论陶潜私事（有一妻一妾，或丧妻续娶，或为孪生），"推测纷纭"；"处子入宫"事与其相提并论，均为"无谓的问题"。此时尚未及陈先生，足见钱先生一贯的贬斥态度。

---

① 钱锺书《管锥编》(4)，页 1227—1228。

从陈先生立场来看，此事又当别论。首先，这不是一个伪问题。若放在历史领域中，可能别有意义。正如替陈先生辩护的学者指出，《唐代政治史述论稿》开宗明义即引朱熹之语："唐源流出于夷狄，故闺门失礼之事不以为异。"① 因而值得考辨，从中可以窥见"李唐皇室的家风"，就是说，在文学领域以外，这就不是"无谓的问题"。这个辩护自有理据。但也必须指出，陈先生本文中并无涉及此点。他认定的性质是"宫闱隐秘"，是一场"喜剧"。

其次，从学术史而论，陈先生说，这是"唐史中一重公案"。他细心地梳理正方（主张"处子说"）诸家，在杭世骏、章学诚、朱彝尊等人中，认为"朱氏之文为最有根据"，其他人不过沿承朱说，因而把朱彝尊作为驳难的主要对象。他的反驳，论证细密，剖析毫芒，长达七八页，足为"非处子说"定谳，"了却此一重考据公案"。

第三，陈先生明言，他辨明朱氏之误，"于白氏之文学无大关涉"，表明他非常清楚自己是在文学之外讨论此事。而且实际上与文学亦非毫无关系。令人感到有趣的是，我们文学所的《唐诗选》在注释《长恨歌》"杨家有女初长成"、"一朝选

---

① 陈寅恪《唐代政治史述论稿》，页1。

在君王侧"句，有一长注："开元二十三年，册封为寿王（玄宗的儿子李瑁）妃。二十八年玄宗使她为道士，住太真宫，改名太真。天宝四年册封为贵妃。"这不是陈先生那一大篇考据文章的提要吗？他的考辨成果已被钱先生也参与过的唐诗选本所吸取。再说，我们读李商隐的《龙池》、《骊山有感》等诗，陈先生的成果也会产生文学性效果。"新台之恶"毕竟不符合我国传统悠久的道德标准，朱熹的"不以为异"的说法值得考虑，只是不像唐以后那么看得严重罢了。

这是钱、陈观点交集的第三例。

陈先生《论韩愈》一文（收入《金明馆丛稿初编》）对韩愈的推崇超迈宋儒，世所仅见。他把韩愈定位在"唐代文化学术史上承先启后、转旧为新关捩点之人物"，即"结束南北朝相承之旧局面"，"开启赵宋以降之新局面"。在这个前提下，他高度肯定古文运动："退之发起光大唐代古文运动，卒开赵宋新儒学新古文之文化运动，史证明确，则不容置疑者也。"这里把"唐代古文运动"和"宋代新儒学新古文运动"，视作一脉相承的关系，语气决断，"不容置疑"。所谓"新儒学"，他又说："退之首先发见《小戴记》中《大学》一篇，阐明其说，抽象之心性与具体之政治社会组织可以融会无碍，即尽量谈心说性，兼能济世安民，虽相反而实相成，天竺为体，华夏为用，退之于此以奠定后来宋代新儒学之基础，退之固是不世出之人杰，若不受新禅宗之影响，恐亦不克臻此。"① 这些著名的观点，钱先生均提出异议。

钱先生首先指出韩愈虽标榜"文道合一，以道为主"，实际上他的"文"和"道"是"两橛"的，并不等同于"文"必然服从、附庸于"道"。在《中文笔记》第十册中，他举李汉《韩昌黎文集序》说，此文以"文者，贯道之器也"发端，但一路写来，只见李汉光推重韩愈之文而不及其道，所谓的"摧陷廓清"，也是指文："先生之文摧陷廓清之功。"最后钱先生说："皆分明主'文'"，"可见昌黎为文学道，分为两橛"。韩愈在"儒学"上并未独立成家。这一观点，在《容安馆札记》中有更详尽的发挥。如第720则云：

> 《进学解》云"抵排异端，攘斥佛老"，即《原道》之说也。然自道其学为文章则云："下逮《庄》、《骚》，太史所录。"《送孟东野序》又云："其末也，庄周以其荒唐之词鸣。楚，大国也，其亡也，以屈原鸣。……汉之时，司

---

① 陈寅恪《论韩愈》，《金明馆丛稿初编》，上海古籍出版社，1980 年，页 288。

陈寅恪

陈寅恪

周君明斋先生墓表

表文

《陈寅恪文集》

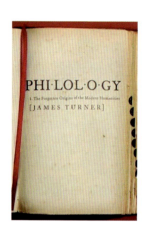

James Turner 著《语文学：现代人文科学被遗忘的起源》

清华大学王国维先生纪念碑

在德国留学时的陈寅恪

马迁、相如、扬雄，最其善鸣者也。"合之《送王秀才序》云："学者必慎其所道。道于杨、墨、老、庄、佛之学，而欲之圣人之道，犹航断港绝潢，以望至于海也。"足征昌黎以"文"与"道"分别为二事，斥庄之道而称庄之文，如《答李翊书》、《送高闲上人序》即出《庄子》机调。①

接着也分析李汉《昌黎先生文集序》（与《中文笔记》相似）后，他又说：

> 证之昌黎《答窦秀才书》"专于文学"、《上兵部李侍郎书》"性本好文学"、《与陈给事书》"道不加修，而文日益有名"等语，乃知宋人以昌黎入道统，尊之而实诬之也。近人论韩，更加梦呓矣！②

钱先生的有关论述还有很多，③ 不赘述。

钱先生的立论可以明显看出，是从文学本位立场出发的。

---

① 《钱锺书手稿集·容安馆札记》（3），页 1769。
② 《钱锺书手稿集·容安馆札记》（3），页 1770。
③ 可参观《读〈容安馆札记〉拾零四则》一文。

"古文运动"本来是中国文学史中的一个概念，据目前检索到的资料，殆始见于胡适在 1927 年由北京文化学社出版的《国语文学史》，① 后出的各类文学史多沿其说，遂成重要研究论题。古文运动是借助于儒学复古旗帜而推行的文体、文风和文学语言的革新运动，还是如陈先生所言，是新儒学新古文的文化运动，这是根本认识上的歧异。

陈先生的《论韩愈》发表于 1954 年《历史研究》，是他建国后最早问世的少数重要史论之一，论文高屋建瓴，议论纵横，大气包举，透露出学术自信与自负。仅如"天竺为体，华夏为用"的提法，就与通常所说"中学为体，西学为用"不同，似有深意存焉。高深学问常常易于被人误解，我们后辈实不宜对陈、钱二位宗师说些不知深浅之语。事实上，目前不少学者研究唐宋古文运动，还在沿承陈先生的路数，强调其思想史方面的性质。问题应是开放性而非终结性的。

这是钱、陈观点交集的第四例。

钱、陈观点交集中，也有相反相成，或可互补互融的一面。兹举对杜甫"欲往城南望城北"句的不同解释为例。

陈先生在《元白诗笺证稿》中，论《卖炭翁》"回车叱牛

---

① 《国语文学史》次年改名为《白话文学史》，由上海新月书店出版。

牵向北"句时，从长安城市建置特点，即"市在南而宫在北"出发，认为杜甫此句"望城北"亦指望皇宫，意谓诗人"虽欲归家，而犹回望宫阙为言，隐示其眷念迟回，不忘君国之本意"。①

　　文学研究所《唐诗选》杜甫部分是我注释的，当年曾把此句作为"难点"提出集体讨论。我总结讨论意见，最后写道："'望城北'有三种说法：一说'肃宗行宫灵武在长安之北……望着城北，表示对唐军盼望之切'；一说'唐代皇宫在城北，回望城北，表示对故国的眷念'；一说'望即向，望城北即向城北之意'。"② 结论是："后一说较妥。当时作者百感交集，忧愤如焚，一时间懵懵懂懂地走反了方向，于情理或更切合。"第二说就是陈寅恪先生的意见，第一说解为盼望在灵武的肃宗与唐军，实际上与陈氏同一思路，把诗意引向对"故国"、"唐军"的期盼，突出杜甫"每饭不忘君"的意义。第三说只从"情理上"揣摩诗人其时之心理状态，或许与诗意更贴切些。这主要是吸取钱先生在讨论会上的意见。后来他在《管锥编》中却有更深入的发挥。他说："杜疾走街巷，身亲足践，事境

---

　　①　陈寅恪《元白诗笺证稿》，上海古籍出版社，1978年，页251。
　　②　中国社会科学院文学研究所编《唐诗选》，北京，人民文学出版社，1978年，页244。

危迫，衷曲惶乱。"并引五条书证：张衡《西京赋》所谓"丧精亡魂，失归忘趋"；胡仔《苕溪渔隐丛话》前集引王安石集杜句；陆游《老学庵笔记》卷七"言皇惑不记孰为南北也"；《敦煌掇琐》之《女人百岁篇》"出门唤北却来东"；李复《兵馈行》"一身去住两茫然，欲向南归却望北"，"即用杜句"。并拈出"向"以与"望"为互文，"望"可作"向"解。①

一位是着眼于安史之乱、国破家亡、皇权失坠的记忆，"每饭不忘君"的杜甫思想定位等历史因子；一位是超越于特定的历史时空，而聚焦于文学是人学、对一般人情人性的熨帖，注重于诗性的因子。两说各有所长，但仍体现出不同的学术趋向。

我们注释《唐诗选》时，遇到存在异说而需下断语时，常用"某说是"、"某说较胜"、"两说并存"三种形式。我在注释杜甫此句时的按语是第三说"于情理或更切合"，来表示倾向于钱先生之说，但也承认陈先生说"可备一说"。白居易"回车叱牛牵向北"之"北"，指涉是确定的，确指皇宫，因该篇主旨乃"苦宫市也"；但杜诗此句的"北"，没有足够的证据径断为皇宫方位。然而反过来说，也同样无充足证据断其为非。

———————————

① 钱锺书《管锥编》（3），页988—989。

综合两说，可以扩大对诗歌的理解空间，所谓"诗无达诂"有其正当性。

这是钱、陈观点交集的第五例。

以上五例，观点歧异，泾渭分明，都有钱先生的文字为依据（我不取耳食之言，甚至不取面谈之语），表明陈、钱两位论学旨趣的差别。钱先生也是主张"打通"的，他说过："吾辈穷气尽力，欲使小说、诗歌、戏剧，与哲学、历史、社会学等为一家。参禅贵活，为学知止。"[1] 所说五例，论韦庄，论杨贵妃入宫，论杜诗三则属"诗史互证"，论韩愈，论门第排斥进士科，则各与哲学、社会学有关，借用钱先生自己的话来概括其旨趣和方法，就是他在《宋诗选注·序》中的一段论述：

> 文学创作的真实不等于历史考订的事实，因此不能机械地把考据来测验文学作品的真实，恰像不能天真地靠文学作品来供给历史的事实。历史考据只扣住表面的迹象，这正是它的克己的美德，要不然它就丧失了谨严，算不得考据，或者变成不安本分、遇事生风的考据，所谓穿凿附会；而文学创作可以深挖事物的隐藏的本质，曲传人物的

---

① 钱锺书《谈艺录》，北京，中华书局，1993年，页352。

未吐露的心理，否则它就没有尽它的艺术的责任，抛弃了它的创造的职权。考订只断定已然，而艺术可以想象当然和测度所以然。在这个意义上，我们不妨说诗歌、小说、戏剧比史书来得高明。①

这是对文学研究与历史考订区别的说明，其精神也同样适用于文学与哲学、文学与社会学研究。文学是"人学"，必然与各个学科发生关联，因而，单纯地从文学到文学的研究路线是不足取的，必须同时进行交叉学科的研究，但最重要的，必须坚持文学的本位，文学始终是出发点和最终目标，坚持从文学—文化—文学的路线，不能让其他学科代替文学研究本身，这是贯穿钱锺书先生全部著述的一个"系统"，对当前我国古代文学研究界，更有着特别迫切的启示作用。

（本文原载《中华文史论丛》2020 年第 3 期，系《钱锺书的学术人生》一书自序）

---

① 钱锺书《宋诗选注》，页 4。

陈寅恪对今日历史学的意义

姚大力

一

陈寅恪离开这个世界已经整整五十年了。但是今天重读他留下的文字，我们仍很容易产生虽已隔世、而略无隔世之感的慨叹。这与我们身处于和他当年几乎相同的文化语境之中，应该有很大关系。正因为如此，陈寅恪对我们今天的历史研究，就愈加具有深刻的启发意义。

我想到的有以下三点。

第一点，他是一名深深扎根在中国文化传统的土壤之中的现代学术巨人。用他自己的话说，他所从事的是"不中不西"之学。所谓"不中"，虽然尤其明显地体现在他有关"塞表殊族"题材的作品里，但其实也可以很清楚地从他探讨纯粹涉及汉文明史迹的许多论述中看出来：即不见于旧式经史之学的那种纯属近代性质的社会——人文精神与科学精神。它来自外部世界的浸染，而不尽然是从本土传统中生长出来的。

尽管如此，读他的文章，你仍然会感到一种根深蒂固的只属于中国的泥土味。这又与他说自己"平生为不古不今之学，思想囿于咸丰同治之世，议论近乎湘乡南皮之间"的自我定位完全一致。含蕴在他这番夫子自道背后的深意，今日仍很值得我们反复玩味。曾有人在陈寅恪的传记里，为此给他戴上一顶"文化保守主义"的帽子，即算交代了事。在我看来这是一种非常粗浅轻佻的看法。

我觉得陈寅恪从中表达的，是一种委婉的批评，是针对当时不同的力量自20世纪初都逐渐走上用颠覆传统来谋求自新的道路选择。身为比曾（国藩）、张（之洞）年轻两三辈的后生，陈寅恪的思想、立场和见解不可能无所区别于曾、张。他想暗示的，与其说是他本人与曾、张思想及其议论的全同性，不如说是二者之间的延续性。他的自况似乎意在揭示，沿着曾、张的思想脉络，中国文化或许可能遵循一条被现代中国人认为行不通的改良主义道路，终而融入现代。那是一条在中国文化传统的基盘之上重建它的现代形态的路线。

我们做不到、也无须试图让历史退回到过去的某一个时节再重新开始。但是如果我们认为中国在实现文化重建方面仍面临着甚至比当年更为紧迫而艰巨的任务，那么回过头来认真思考一下陈寅恪的上述见解，我认为仍然是必要的。

第二，用陈寅恪自己的话说，他治史的出发点是"探求真实"，而其旨归则为"以供鉴训"。他的所谓"鉴训"，断不能按如今被说烂了的"古为今用"、"以史为鉴"来理解。虽然他也说"宗统"，说"民族精神"，但他的"鉴训"聚焦于道德，因而也就聚焦于个人，而不是聚焦于任何性质的群体。在后一种情况下，道德非常容易被名义上的群体利益，或者所谓时代潮流绑架，对于行为方式正当性的伦理诉求从而也就经常以目标正当性为理由而被无情牺牲。在他的后二十年里，陈寅恪还能不断地讲课、研究和发表，一个重要原因，其实就在于他的基本见解错开了当日浪潮的锋面，而没有直接与它相交接。

于是就牵出了我要讲的第三点，陈寅恪对今日中国史学的一项令人意想不到的意义在于，他用自己的行动昭示我们，无论外在环境如何，只要你自己还想从事严肃认真的史学研究，经过努力，这一点总还是能够做到的。

历史学要追求的，无非求真、求新、求精、求直。

所谓求真，即追求一个得以安放所有不同史料，包括互相间冲突、乃至互相颠覆的相反史料的解释框架。如果否定求真，那也就斫断了史学的命脉。

所谓求新，即不能满足于重复讲述那些众所周知的故事。历史学不能变成反复用来证明一个已知命题的习题演算。它总是应当提供能改变现有认识的东西。不求新，史学将立即萎缩成一摊子老生常谈。

所谓求精，对史学来说最被人看重的，即如何从史料（尤其是从为人所习见的史料）中榨取信息的能力和技术。如果史料一经陈列出来，它所要说明的意义就能自动呈现在人们眼前，那么史家与一个兜售杂货的小摊贩就没有多少区别了。信息榨取的方法或技巧越有难度，史料利用者所显示的史学功底也就越好。不在求精的层面下功夫，历史叙事即难以拥有足够的内在张力，因而也不会有能引人入胜的美感和厚度。

前三点都可以涵盖在陈寅恪说的"探求真实"项下。他用自己的作品为我们做出了卓越的表率。

所谓求直，当然是指忠实地说出通过研究而获得的本有见解，但还不止是指这一点。这就要转回前面提到的"鉴训"。史学应当而且必须提供的"鉴训"，是一种根本的价值关怀，它的生命力超越了任何现实的制度，也超越了任何一种制度所形塑的特定信条。陈寅恪的作品之所以会感动能理解他的读者，就因为有这样一种根本的价值关怀涌动在他写下的字里行间。

历史学的追求，除上述四者之外无他，也不应该再有其他。

二

在这个意义上，对当前正在日渐流行的一些思维含混不清的糊涂主张，看来有稍加澄清的必要。

一是反对所谓史学研究碎片化的主张。历史学要做的工作，本来就必须从解析自古至今积累起来的各式各样的历史叙事入手，然后才有可能利用在这个过程中被拆取出来的各种证据"碎片"，部分地或者全面地重构出某种新的解释框架。历史研究不能不聚焦于"碎片"，因为只有根据保存在前人留下来的形形色色历史叙事中的"碎片"，我们才可能想象或构拟出一个得以容纳所有已知不同证据的叙事框架。

你永远也无法肯定，一个当下看来无足轻重的"碎片"，将来必无可能在另一个人手中被转化为成就某种新叙事时具有关键作用的预制构件。就此而言，不断增加"碎片"存量的劳作不但不应该被我们轻视和否定，反而值得我们敬重。另一方面，历史学家又几乎不可能全盘依赖经别人之手拆解或清理的"碎片"，便得以建立起自己的叙事，所以他必须具备独立"挖掘"并处理各种各样"碎片"的训练与技能。

有一种更极端的说法甚至认为，只有碎片或细节，才是戳穿历史叙事中用以掩盖真相的层层谎言最有效的利器。所以阻碍我们去接近历史真相的，根本不是什么碎片化倾向，相反倒是所谓的"宏大叙事"。后者当然也离不开细节，却只是极有选择性地采用若干有利于论证的细节，而有意"忽略"、掩盖、曲解甚至动手销毁不利于立论的那些细节。

任何有意义的史学反思都始于与现有认识不相符合的细节。反碎片化的主张恰恰可能杜塞由微观考据通向宏观思考的必由之路。当今中国史学的症结之一，即在很大程度上可以归因于这种既不微观、也不宏观，而甘心于泛泛而谈，停驻于中观层面的积习。有些碎片化研究陈义或许不高，甚而不无理由被视为饾饤之学，但它至少还是学问。充斥不上不下、言之无物的中观腔调的议论，就什么也算不上了。

二是史学批评中"直指本心"的"禅法"。正如规避了对事物形式的明确规定性之后，针对事物本质的随意指陈，即可以蜕化为一种指鹿为马的恶性游戏一样，当史学批评不再针对被批评者的具体见地，而是从词穷理屈走到对其用心的声讨时，学术批评就已经从说理滑向诛心。

如果研究者的动机导致他的结论离开了历史的真相，那么最有力的批判就是充分揭示出，他的陈述与结论是在哪些地方，以及如何离开了历史真实。如果你无法质疑研究者的结论，因而代之以对"用心"的批判，那么这种批判只会堕落为谩骂。"辱骂和恐吓决不是战斗"，鲁迅的这句话其实说错了。辱骂和恐吓不是在说理，其实它正是被人们当作一场战斗来看待的。当然还有比这更严厉得多的战斗，那就离说理更远了。

第三，很久以来我有一种疑惑，我们究竟是否应该在历史学领域、进而也包括其他各领域内，把阐发自己的立场和看法称为制造"话语"？尽管这个词被广泛使用已经为时颇久，我印象里我们从未对何谓"话语"作出过明确的界定。这里的"话语"，显然不是指一般语言学意义上的"语料"而已，它当然也不是指在某个特定专业领域或特定社群圈内流行的对话与交流。那就只剩下一种意思：我们能把它理解为贯穿于一个时代，被福柯借用博尔赫斯的比喻描写为"在四周有围墙的陆地的整个表面上散播和凝固"的那种"认识范型"吗？

但是这样做，就十分容易引起混乱。福柯在使用"话语"这个术语时，应是为了揭露隐藏在貌似严谨的一套言说系统内核最深沉、最隐秘处的某些预设或"前理解"，也即隐藏在意识深层、并且往往是不自觉的偏见。福柯尤其在意、并且极其精辟的地方，正在于他对权力关系如何在暗中支配和塑造这些偏见的深刻证明。

提倡制造"话语"，当然绝对不是为了掩饰并推销潜藏在言辞之下的各种偏见或意图。既然如此，我们究竟是在何种意义上、以及究竟还有无必要使用这个突然风行起来的概念呢？

<h1 style="text-align:center">三</h1>

今后若干年内，在史学领域里贯彻求真、求直的理念和学风，还会不会遇到什么外在阻力？我相信大概没有人会从根本上对史学应当求真、求直这两条提出异议。

这里我想讲两个一向使我难忘的故事。

一个是关于我的导师韩儒林的。1980 年代前期，我协助他写过一篇文章，讨论元代为修订历法而测量夏至日太阳影长时所到达的最北及最南观察点的位置。他把元代设立在最南方的那个测影所考订在今越南归仁附近。就在我把文章投寄到《历史研究》编辑部的次日，韩先生打电话给我说：你听今天的广播了吗？里面对元朝在最南部测影点的地理定位与我们文章里的考订不同。广播里既然这样说，那篇文章就不适宜发表了。他要我立即将寄出去的文章追回来。韩先生收回了他自己的见解，始终没有把那篇文章拿出来过，但他也从未附和过有关该测影所地理位置的流行说法。

另一个是关于复旦的老党委书记杨西光的故事。1955年5月的一个周末，复旦中文系教授贾植芳因涉事被叫到高教局约谈，再从那里直接解送看守所。把贾植芳从家里接送到高教局的人，是杨西光。在他的小车上，杨西光一反往日神态，不声不响，但摸出两包好烟递给贾植芳，任他在车内吞云吐雾。下车时贾植芳要把抽剩的烟还给杨西光，后者默默然对他说：不用了，留着抽吧。贾植芳一直到去世，都没有忘记饱含着杨西光歉疚心意的那两包烟。这是复旦留给后人的许多故事里最使人心碎、心醉的一则。

当我们顺从大多数人以为正确的选择，准备做一件随波逐流的事情时，我们心里有时候会不由自主地"咯噔"一声。那很可能就是深藏在每个人心底的良知在发出呼唤，孟子称之为"人皆有不忍人之心"。回顾几十年以来，有多少善良人们顺应"咯噔"一声的呼唤而做出的行为，后来都变成了最感动中国的美丽故事！

这两个故事体现了两条底线，分别是我们不能不遵守的政治底线和我们必须遵守的人道底线。守护住这两条底线，才有希望在中国把"人性的政治"从梦想变为现实。

或许有人会把这些想法视为犬儒和乡愿。但我更愿意把它看作是陈寅恪对今日我们的某种提醒与启发。即使没有他的后二十年，陈寅恪也已是足够伟大的历史学家；可是时至今日，那后二十年已经成为陈寅恪追求"独立之精神、自由之思想"的低调而坚定的终身实践中不可切割的一部分。我们应当以此鞭策自己，既不妄自尊大，也不妄自菲薄。因为在任何时候，总是可以找到对促进中国文化的未来繁荣有益的工作，值得我们用尽丝毫无亏内心的努力去做的。

（本文系姚大力教授 2020 年 1 月 4 日在复旦大学中文系、复旦大学古籍所、上海古籍出版社共同主办的"纪念《陈寅恪文集》出版四十周年暨纪念版发布会"上的发言稿，原刊《南方周末》2020 年 1 月 9 日阅读版）

伯希和

季羡林清华大学毕业留影

季羡林在德国留学期间和同学合影

陈寅恪 1939 年暑假于香港

米歇尔·德塞图（Michel de Certeau）

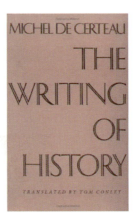

MICHEL DE CERTEAU

THE
WRITING
OF
HISTORY

TRANSLATED BY TOM CONLEY

德塞图著作 *The Writing of History*

恩斯特·康托洛维茨（Ernst Kantorowicz）

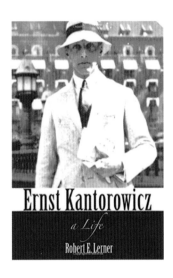

Ernst Kantorowicz

a Life

Robert E. Lerner

康托洛维茨传记 *Ernst Kantorowicz: A Life*

《陈寅恪文集》与近四十年学术转型

陈尚君

上海古籍出版社《陈寅恪文集》的再版，最初的动议是纪念这套书，也纪念陈寅恪、蒋天枢两位先生。《陈寅恪文集》的出版，当年是学术界的大事，现在回看，可以说带动了中国近四十年文史研究的转型。

知道陈寅恪先生，大概是在 1972、1973 年。最初是看郭沫若的《李白与杜甫》对陈寅恪先生提出的李太白氏族问题之推测，郭沫若引李白的《上云乐》诗来加以否定，后来更听到郭沫若说他大跃进的计划，是准备用十五年时间，在学问上超过陈寅恪。当时真不知道陈寅恪是何方神圣。

《陈寅恪文集》当年是陆续出版的，最早一册是《元白诗笺证稿》，1978 年 4 月出版，那时还没有用文集的名义，仅是再版。那时我还在读本科，准备考研究生，立即就买了。1978 年到 1981 年，文集陆续出版，成为读文史的师生普遍阅读的著作，影响非常广泛。《柳如是别传》刚刚出版，同学束景南看得很仔细，有一段他看得非常之兴奋，是讲到陈子龙和宋征舆争柳如是，宋急到跳河。我研究生毕业典礼上，朱东润先生还提到他读《柳如是别传》的感觉。

蒋天枢先生，我和他的直接接触应该说不多，也不熟，我知道他，他不知道我。蒋先生1988年送医院的时候，邵毅平和我一起去的。我记得到华东医院临走要上车的时候，章培恒先生拿出一大叠十块钱的人民币，抽了好几张给我们，说是把蒋先生送过去。我印象里好像是有点凉的时候，大概是春天。

虽然我和蒋先生接触不多，但有很特别的因缘，我们当时宿舍住六人，每天都在的是我和束景南，天天在宿舍里留守，其他的都是上海人，可以回家。所以，我跟朱先生读书，束景南跟蒋先生读书，有关的情况每天反反复复谈。邵毅平入学第一天，蒋先生问道"'读书必先识字'是谁说的"，当天晚上我就知道了。当时，我自己的学问有很多欠缺，很愿意听各方面的教导。通过束景南，我理解了蒋先生的学术，也了解了蒋先生治学的方法。辗转得自于蒋先生的，就是凡是读书要先校书，校书自己要备书，有好的版本，自己手上的书反反复复地校。

我在复旦读书受影响比较深的，开始是陈允吉老师，读研以后是朱老和王运熙先生。王先生给我们讲专业基础和文献学两门课；文献学中版本校勘的部分，请徐鹏先生讲过一次还是两次，真的没有很好的训练。从束景南那里听到蒋先生所讲的种种方法，我是乐于接受的，也是多少年以来坚守的工作。我虽与蒋先生没有很深的接触，但在学业上曾深受其影响与启发。我特别愿意讲的是陈寅恪先生文集的出版，对于最近四十年中国文史之学转型所起的作用，特别是对唐代文学。唐诗研究，现在学者特别强调陈寅恪先生治学的核心是诗史互证。更直接地说，陈寅恪先生的诗史互证，大概是与他的家学以及他早年的读书习惯分不开的。

近年来，陈寅恪先生的读书批点本陆陆续续地出版。关于批点本，我坦率地说，水平高下不一，有的非常普通，有的一两句里边会特别的奇警。前几年，北京某出版社给我寄了复印的陈寅恪先生批的吴汝纶注的韩偓诗。开本很大，印得也漂亮，吴汝纶儿子入民国以后，做了教育部还是司法部的高官，所以把吴汝纶校的韩偓的诗印得很好看，天头地脚很宽，字也很大。陈寅恪先生批得非常详密，很多内容实际上是抄震钧撰的《韩承旨年谱》，引了大量的史书，多数是常见的。有几首诗的解读有特别的见解，我当时敷衍成文。后来那个出版社说没有得到家属的授权，书就没有出。

大概是二十年以前，1999年参加广州开的纪念陈寅恪先生去世三十周年的会，我还写过一篇《陈寅恪先生唐史研究中的石刻文献利用》，发在《中山大学学报》2000年第2期上。陈寅恪先生早年的学术准备，我相信一点，他读过、批校过的书数量极其巨大，加批有的多一点，有的少一点。我刚才说水平高下不一，原因就在于，在他早年读书过程中，对于一个文集的各种细节曾经详细地加以追究，这类工作的数量，现在存下来的只不过是泰山一毫芒，是很少很少的一部分。从这很少的部分，可以推知他的读书准备特别充分。比方说，在《陈子昂集》的批校中只有几句话，但是有一句特别地突出。《感遇》其八（"如何嵩公辈，诙谲误时人"），陈寅恪这里批说是针对《大云经疏》的，陈子昂的诗里出现一个词叫"嵩公"。别人都是从《神仙传》里找出处，陈寅恪在这里读出来，"嵩公"是指北周的卫元嵩，《大唐创业起居注》里讲到唐代建国谶言，有一段是卫元嵩的，敦煌遗书中有卫元嵩的一组六字预言诗。而且，《大云经疏》在武后篡夺大唐江山时造舆论的文字中，捏造了大量的伪谶，其中就有托名卫元嵩的谶言。陈寅恪这句话读出来的意思，在后来他的各种著作中都没有用到过，我没有看到他再说过，但是这句里边他读懂了这一点，对于理解陈子昂对武周政治某些阴暗面的看法，非常重要。

陈寅恪讲元稹和白居易的佛教修养，引到元稹给白居易的信里的一句话，讲他读到《法句经》，还有《心王头陀经》。以前都没有解释这是什么书，但是敦煌遗书出来以后，陈寅恪特别说明两部经的水平是极差的，是层次很低的民间传的伪经。由此得出结论，这两位的佛学素养都不高。

所以，在文史互证的层面上，20世纪前五十年国内的唐诗研究，如果要列举代表性的学者，就有闻一多——闻一多的几篇文章都写得很漂亮，纯粹从文学感受的立场上来说的。前些年，陶敏先生曾经写过文章，现代唐代文学研究的众多法门，在闻一多那里都开始了，可惜没有再继续展开来做下去。另外一位是浦江清。我觉得他最好的论文是《花蕊夫人宫词考证》，对历史悬案做了彻底的追究。最近因为看到北京出版社的"大家小书"出了浦江清的《中国古典诗歌讲稿》，讲得很中肯，各个方面都独特而深邃，可惜未尽其才。

陈寅恪先生诗史互证部分的代表作是《元白诗笺证稿》，《金明馆丛稿》两编中与唐诗有关的系列论文，《唐代政治史述论稿》中也有好几个部分涉及。他善于在常见文献中读出一般人读不到的问题。《唐代政治史述论稿》里引韩愈名篇《送董邵南序》，看到唐代中后期的文人在中央朝廷之失意，进而到河北去寻求出身，实际上是一个时代的两种不同政权之对立，士人做出了不同选择。

在他的一系列研究中，很多个案研究和传统的文史考据有不同，不同的地方在于谈到的问题、看问题的立场，都非常特别而新警。对问题之探究，传统考据最大的问题就在于，无论是归纳式的还是演绎式的，一个问题从提出到解决，证据举一端或者是转一两次就有结论了。陈寅恪的考证最特别的地方，在于很多问题之追究是打三四个不同的弯，是反复地推究史料以后得出新的结论。比如关于李德裕之去世和归葬的年月，李德裕的《会昌一品集》的外集中有所谓悼念韦执谊的文章，而且称韦执谊为"仆射"。陈寅恪的考证证明了，韦执谊在顺宗时候最高的官衔到什么位置，韦执谊称仆射是他儿子官高以后的追赠，他儿子韦绚要能够为他的父亲来追赠仆射的话，必须到咸通年间。这样的考证，不是停留在一个文献的表面上，而是在问题提出以后，一层一层地剥开，多层地加以推究，得出可信的结论。这样的方法，包括全面地占有材料，读懂诗文本身的内在意思，以及破除传统的定说与一般正史或者常见史料的局限，努力追求事情的真相。陈寅恪对李商隐的一首《无题》（"万里风波一叶舟"）诗，也是通过这样反复地推究得出结论的。

对于元白诗的笺证，以前很多人传为笑话的一则是陈寅恪怎么去探究杨贵妃入宫时是不是处女。好像看起来很无聊，这一个案其实包含了一个最基本的概念——传说和历史真相之间的距离。当然除了陈寅恪，陈垣也做过同样的题目。这个题目实际上是指出唐人笔记以及《杨贵妃外传》所谈的传说，不尽可靠，用唐代最可靠的直接的材料，比方《唐大诏令集》所载诏敕，来追究历史的真相到底如何。这样一种廓清，对于问题的提出是很重要的。

《元白诗笺证稿》里有大量很精彩的部分，比方说元稹和白居易诗歌成就的差别。陈寅恪的说法其实非常简单，白居易的新乐府之所以写得好，是因为一诗一主旨，一首诗只讲一个题目、一个宗旨；而元稹思维缠夹不清，一首诗里，常常讲两三个、三四个不同的主旨，所以白居易的诗更具感染力。

他所讲元白的私生活层面，探究下去真的有意思。他在读书中，探讨了元稹的文集以及元稹原集的面貌和流传的文集之间的差距，以及元稹的那些艳情诗讲到的事情真相到底如何。这当然是一个老话题，陈寅恪的论述特别关注元集不收而当时风行的艳情诗和风情诗，他认为《才调集》所保留的这一大批诗，本来应该是元稹文集的一部分。他在元稹这些诗里读出，元稹和崔莺莺来往之初，抱着我们现在讲的不健康的心理。他更进一步地在元稹的诗里——就是我们现在看到的最感动人的那一批悼亡诗，读出元稹内心所想和口头表述之间的巨大落差。他指出元稹的第一个妻子韦丛——即韦夏卿的女儿——的家世以及韦丛本人的素养和能力，他认为韦丛有家室背景，但并没有太多的才华，那些诗叙说贫贱夫妻日常生活之中，反而给人感动的力量。他进一步读出，元稹的诗里边是这样写，但实际的行为中，在韦丛去世不久，就马上纳妾安氏。再婚的夫人叫裴淑，陈寅恪读出裴淑的文学能力和艺术修养比前一任要好得多。这样解读作品，呈现了大量的新意。

在阐释白居易的新乐府的时候，陈寅恪强调不仅要解读诗里的意思，更要联系史实，把白居易写这些诗到底要讲什么，涉及什么，内中的隐情给讲出来。比方说，我们读得最多的《卖炭翁》，陈寅恪读出白居易的诗里所包含的实际上是宦官宫市以及朝廷中的政局变化，以及内官所起的作用。这样的例子非常之多。

我觉得，最近四十年唐代文学的研究，其中包含的问题就在于到底文学研究和历史研究是不是要切割。陈寅恪把文学看作一个特定的历史环境中的文学活动，从中见到从皇帝到官员各种交往的过程中所包含的内容，就是史书会忽略的历史的某一个场景中的特定真相，这是非常重要的。所以，在最近的几十年中，当然不仅仅是陈寅恪先生一个人的影响，还有岑仲勉先生，说明所有存世的唐代文献都有传讹，所有的文学或者相关的材料都是可以作为史料利用的。傅璇琮的研究在法国社会学派的影响下，看各个层次的文人活动，以及在某些片段的可信之中，去重构造这些诗人的生平状况。进一步说，全面地考订作品，阐发新史料的价值，以及最近几年比较多的唐人别集之笺证，这些工作有各种不同的学者和学派的思想的影响，也有方法的继承。可以说，陈寅恪先生的方法和治学的影响是最为巨大的。我在前年年底写过一篇文章，认为最近四十年国内的唐代文学研究达到了很高的水平，特别是在八十年代，我甚至用了"唐诗研究的黄金时期"的说法。唐代文史研究中陈寅恪先生、岑仲勉先生等前辈所达到的高峰，使得后继学者必须到了这个层面上才有继续展开研究工作的可能。

（本文系据陈尚君教授在 2020 年 1 月 4 日复旦大学中文系、复旦大学古籍所、上海古籍出版社共同主办的"纪念《陈寅恪文集》出版四十周年暨纪念版发布会"上的发言整理成稿，并经本人审读润色）

不负国宝，襄进学术

——陈寅恪对敦煌文献的利用与阐发

荣新江

1980 年上海古籍出版社出版了蒋天枢先生整理的《陈寅恪文集》，不仅有我们常见的《隋唐制度渊源略论稿》、《唐代政治史述论稿》、《元白诗笺证稿》，还有把寅恪先生散篇文章汇集在一起的《寒柳堂集》、《金明馆丛稿初编》、《金明馆丛稿二编》，以及我们过去没有见过的《柳如是别传》，这对于我们当时如饥似渴读书的中古史、敦煌学的学子来说，是多大的恩惠！当时作为一名本科二年级的学生，我也囫囵吞枣式地仔细拜读寅恪先生的每一篇文章、每一本著作，虽然有不少文字看也看不懂。

2001 年北京的生活·读书·新知三联书店出版《陈寅恪集》，因为我的专业和对寅恪先生的敬仰，接受了校对《寒柳堂集》、《金明馆丛稿初编》、《金明馆丛稿二编》三部论文集的专有名词和全部史料的任务。寅恪先生撰写文章，通常是大段大段引用史料，旁及各种语言文字，核对一遍，着实不易。我尽量采用寅恪先生所用古籍的版本或中西文杂志的原刊本，保证不随便改一个字，也希望不让一个错字遗存。此前我就从邓广铭先生那里，知道蒋天枢先生整理寅恪先生文集时，是"老师的文字，一字也没有擅自改动"。小子何人，怎敢妄改？所动大概只有"僚"改回为"獠"，以及敦煌文书的编号误写等极少的地方。在核对过程中，对蒋天枢先生和上海古籍出版社的编辑益发崇敬，对《陈寅恪文集》编校水平之高由衷佩服。

如今上海古籍本《陈寅恪文集》已出版四十年，复旦大学与上海古籍出版社共同举办纪念会，要我就陈寅恪与敦煌学做个发言。这方面的话题，敦煌学界有不少文章发表，我自己也在一些相关敦煌学学术史的文章中有所讨论。这里仅从三个方面，强调寅恪先生对敦煌学的贡献，以及他对敦煌文献的利用及其方法。

一 明确提出"敦煌学"的概念

陈寅恪先生在 1930 年发表的《陈垣敦煌劫余录序》中，开宗明义，提出"敦煌学者，今日世界学术之新潮流也"（《中央研究院历史语言研究所集刊》第1本第2分）。在相当长的一段时间里，敦煌学界都认为"敦煌学"这个名称是寅恪先生首创的，这可以说是学界的共识，没有任何疑问。

可是到了1989年，对敦煌文书有精深研究的日本东京大学池田温教授发表一篇短文，题为《敦煌学与日本人》，[①] 其中说到日本学者石滨纯太郎早在1925年出版的《敦煌石室的遗书》小册子中，就使用了"敦煌学"一词。池田教授也指出，大概是因为这本小册子是石滨先生在大阪怀德堂所做夏期讲演的印刷本讲义，所以流传不广。1998年方广锠发表《日本对敦煌佛教文献之研究（1909年—1954年）》一文，[②] 利用池田温教授文章的汉译本，认为石滨先生比陈寅恪更早地使用了"敦煌学"这一说法。2000年，王冀青发表《论"敦煌学"一词的词源》一文，[③] 推测陈寅恪可能见到过石滨氏的小册子，他只是"敦煌学"一词的引入者，不是发明人。

不过，也是在1989年，姜伯勤先生发表《唐令舞考——

---

① 《日本学》第13号；陈汉玉译载《国际汉学》第1辑，北京，商务印书馆，1995年。

② 《敦煌学佛教学论丛》，香港，中国佛教文化出版有限公司，1998年。

③ 《敦煌学辑刊》2000年第2期。

兼论陈寅恪先生〈元白诗证史〉的文化阐释》一文,① 曾据姜德明《书梦录》转引寅恪先生 1944 年所撰《大千临摹敦煌壁画之所感》中的一段文字:"寅恪昔年序陈援庵先生《敦煌劫余录》,首创'敦煌学'之名。以为一时代文化学术之研究必有一主流,敦煌学今日文化学术研究之主流也。"② 由此可见,寅恪先生本人自认为"敦煌学"这个名字是他首创的。我相信寅恪先生是真的没有看过石滨纯太郎的讲义册子,所以他才会说这是自己的首创。遗憾的是,否定寅恪先生提出"敦煌学"概念的人没有看到寅恪先生的这段文字,也没有看到姜伯勤先生的阐述。

今天回过头来看,石滨氏的那个小册子应当只是在一个很小的范围内流传,而寅恪先生创说"敦煌学"的文字是刊登在《历史语言研究所集刊》这样国际知名的刊物上,所有海内外文史研究者都必然知晓;而陈垣的《敦煌劫余录》是一部工具书,敦煌学等相关学科的学者都会时常翻阅。因此,从对于学科的影响和实际效果来说,寅恪先生当之无愧地是"敦煌学"

① 《纪念陈寅恪教授国际学术讨论会文集》,广州,中山大学出版社,1989 年,页 216。

② 现收入《陈寅恪集·讲义及杂稿》,北京,三联书店,2002 年,页 446。

这一学科概念的首创者。

二　利用敦煌文献研究宗教、历史、文学并关注民族语言文字

陈寅恪早年曾长期游学欧美，学习梵文、佛教等，旁及中亚古文字。回国后执教清华大学国学院，在二十年代末三十年代初的一段时间里，他写过一系列敦煌写本的跋文，如《须达起精舍因缘曲跋》、《敦煌本维摩诘经文殊师利问疾品演义跋》、《有相夫人生天因缘曲跋》（大多数收入《金明馆丛稿二编》），主要就是从佛经翻译文学的角度，利用他所掌握的梵、藏、于阗、回鹘等文字资料，与汉文文献相发明，对中古思想、文体、史事等，多有发明，在敦煌学的领域做出了超越前人的贡献。

更能够反映寅恪先生对敦煌学的广括视野的文字，还是他写的《陈垣敦煌劫余录序》，其中历数北京图书馆所藏敦煌"残篇故纸"，指出其"实有系于学术之轻重者在"。其文曰：

摩尼教经之外，如《八婆罗夷经》所载吐蕃乞里提足赞普之诏书，《姓氏录》所载贞观时诸郡著姓等，有关于

唐代史事者也。《佛说禅门经》、《马鸣菩萨圆明论》等，有关于佛教教义者也。《佛本行集经演义》、《维摩诘经菩萨品演义》、《八相成道变》、《地狱变》等，有关于小说文学史者也。《佛说孝顺子修行成佛经》、《首罗比丘见月光童子经》等，有关于佛教故事者也。《维摩诘经颂》、《唐睿宗玄宗赞文》等，有关于唐代诗歌之佚文者也。其他如《佛说诸经杂缘喻因由记》中弥勒之对音，可与中亚发见之古文互证，六朝旧译之原名，借此推知。《破昏怠法》所引《龙树论》，不见于日本石山寺写本《龙树五明论》中，当是旧译别本之佚文。唐蕃翻经大德法成辛酉年（当是唐武宗会昌元年）出麦与人抄录经典，及周广顺八年道宗往西天取经，诸纸背题记等，皆有关于学术之考证者也。①

这段文字不多，但内涵丰富，我曾对此做过仔细的笺释，②这里只能撮要提示。

宗教文献方面，摩尼教经即旧编宇 56 号、新编 BD00256

---

① 《陈寅恪集·金明馆丛稿二编》，页 267。
② 原载《中西学术名篇精读·陈寅恪卷》，上海，中西书局，2014 年，页 34—74。

号的摩尼教残经，是敦煌发现的三种汉译摩尼教经典之一，而且是早期摩尼教的重要经典，自 1911 年罗振玉刊布，沙畹（E. Chavannes）、伯希和（P. Pelliot）法译并详注之后，成为迄今我们理解早期摩尼教思想的主要依据，也是学术界从吐鲁番出土的伊朗语摩尼教文献追寻早期经典的主要依据。《佛说禅门经》北图有两件写本，是不晚于 730 年成立的禅宗系伪经，与北宗禅关系密切，而且对四川净众宗有很大影响。《马鸣菩萨圆明论》旧编服 6 号，新编 BD08206 号，首题下有"马鸣菩萨造"的署名，其实也是禅宗北宗系的著作，讨论如来藏的思想。由上可见，寅恪先生独具慧眼，早就注意到了敦煌禅宗文献，特别是后来大量佚失的北宗禅的文献。《佛说孝顺子修行成佛经》，旧编玉 64 号，新编 BD04264 号，是十分少见的疑伪经。《首罗比丘见月光童子经》北图藏有三个写本，也是一部已佚的重要疑伪经。寅恪先生提到的这两种文献，对于研究中古社会思潮尤其重要，也是反映中国佛教思想的绝好资料。1982 年，荷兰汉学家许理和（E. Zürcher）教授发表《月光童子：中古中国早期佛教中的弥塞亚主义与末世论》长文，[①] 对《首罗比丘经》产生的年代和月光童子信仰的救世主和末世论

---

① *T'oung Pao*, LXVIII. pp. 1 - 3.

的特性，以及对中国社会的影响，都做了透彻的解说，正好是寅恪先生眼力的最好解说。此外，他还提到《破昏怠法》（旧编宇 1 号，新编 BD08001 号）所引《龙树论》，为日本石山寺写本《龙树五明论》之外的佚文。

历史文献方面，《八婆罗夷经》旧编月 91 号、新编 BD00791 号，寅恪先生指出其所载吐蕃乞里提足赞普（Khri-gtzug-lde-brtsan，赤祖德赞，815—841 年在位）诏书的价值。所谓诏书，实系抄写在《八婆罗夷经》之后的一篇讲修行弥勒禅的文献，在传世文献和敦煌写本中都很少见，也很有研究旨趣。《姓氏录》旧编位 79 号，新编 BD08679 号，所载为贞观时诸郡著姓，历来受到学者的重视，自 1911 年缪荃孙撰《唐贞观条举氏族事件卷跋》（《辛壬稿》卷三）以来，讨论者不乏其人，迄今仍是研究唐朝氏族问题时不可或缺的材料。他还提示唐蕃翻经大德法成辛酉年（当是唐武宗会昌元年）出麦与人抄录经典（旧编露 41 号，新编 BD16079 号），以及周广顺八年道宗往西天取经的记录（旧编冬 62 号，新编 BD02062 号）等，"皆有关于学术之考证者也"。

文学、语言方面，寅恪先生关注到《佛本行集经演义》旧编潜 80 号，新编 BD06780 号，今题"太子成道经"；《维摩诘经菩萨品演义》旧编光 94 号，新编 BD05394 号，今题"维摩诘经讲经文"；《八相成道变》，北图藏有三个残本；《地狱变》，北图有四件涉及地狱内容的变文，分属两种不同的作品，一种今称"大目乾连冥间救母变文"，另一种称"目连变文"。以上这四种写本属于讲经文或变文类作品，寅恪先生也曾撰写过罗振玉刊布的一些同类写本的跋文，从中国文学史的角度，阐述佛典体裁的长行与偈颂相间叙述，经演义而影响到章回小说和弹词等体裁的情形。敦煌文献中这类俗文学作品的价值，后经向达、孙楷第等学者的反复论证，确定了作为后代小说、戏曲之源头的讲经文和变文在中国文学史上的地位。在诗歌方面，寅恪先生提到《维摩诘经颂》，旧编羽3号，新编BD06803号，是十四首五言律诗，分咏《维摩诘经》全经各品之义。《唐睿宗玄宗赞文》，旧编日23号，新编BD00623号，也是唐代诗歌佚文。表明寅恪先生关注敦煌写卷中保存的已佚唐诗，这迄今仍然是敦煌学和唐诗学者的一项艰苦工作。此外，寅恪先生还提到《佛说诸经杂缘喻因由记》（旧编腾29号，新编BD03129号）中有"弥勒"之对音"弥顶勒迦"，可与中亚发见之古文互证。

由此可见，寅恪先生通过北图所藏一些写本的学术价值，为20世纪敦煌学研究发掘了新材料，提出了新问题。

从1927年回国任教，到1931年，可以说是寅恪先生治学的第一个阶段。他主要研究的对象，是中印关系和西北史地问题；所处理的材料，主要是敦煌新发现的内典写本和俗文学作品，以及梵文、巴利文、藏文、蒙文文献。寅恪先生往往能从大处着眼，小处着手，利用的是一些具体的材料，而关注的实际上是 20 世纪初国际东方学的一些大问题，其视野之广阔，当时罕有其匹。

可惜的是后来混乱的时局不利于这种纯静的书斋学术，颠沛流离的生活又让寅恪先生患上严重的眼疾，不便阅读细小文字所印西文书刊，而中文线装大字本则相对舒适。于是，寅恪先生在 30 年代中期转向以汉文材料为主的中古史研究，开始了他的第二阶段学术研究。

此后，寅恪先生也并没有完全放弃对敦煌写本的关注和利用。1936 年他曾发表《读〈秦妇吟〉》。[①] 1940 年又增订为《韦庄〈秦妇吟〉校笺》(昆明自印本)。1950 年又撰写《〈秦妇吟〉校笺旧稿补正》。[②] 后以《韦庄秦妇吟校笺》名，收入其《寒柳堂集》，[③] 间有改订。可见他对这首晚唐重要的佚诗，所给予的持续关注。另外，他 1952 年发表的《论隋末唐初所谓

① 《清华学报》第 11 卷第 4 期。
② 《岭南学报》第 12 卷第 2 期。
③ 上海古籍出版社，1980 年。

"山东豪杰"》，① 曾使用敦煌写本 P. 2640《常何墓碑》，来论证玄武门之变，可见他也一直没有放弃对敦煌写本的利用。

但寅恪先生说过："寅恪平生治学，不甘逐队随人，而为牛后。年来自审所知，实限于禹域以内，故仅守老氏损之又损之义，捐弃故技。凡塞表殊族之史事，不复敢上下议论于其间。"这是 1942 年他为朱延丰《突厥通考》作序时所讲的话。我曾说过："对于敦煌学来说，陈寅恪的退出，无疑是一件憾事；对中古史来讲，又是一个福音。"

三　为敦煌学研究指出宏观的发展方向

寅恪先生在《陈垣敦煌劫余录序》中说：

一时代之学术，必有其新材料与新问题。取用此材料，以研求问题，则为此时代学术之新潮流。治学之士，得预于此潮流者，谓之预流（借用佛教初果之名）。其未得预者，谓之未入流。此古今学术史之通义，非彼闭门造车之徒，所能同喻者也。敦煌学者，今日世界学术之新潮

① 《岭南学报》第 12 卷第 1 期。

流也。自发见以来，二十余年间，东起日本，西迄法英，诸国学人，各就其治学范围，先后咸有所贡献。吾国学者，其撰述得列于世界敦煌学著作之林者，仅三数人而已。夫敦煌在吾国境内，所出经典，又以中文为多，吾国敦煌学著作，较之他国转独少者，固因国人治学，罕具通识。

寅恪先生指出，一个时代的学术，必然要有新材料与新问题作为支撑。取用这些新材料，来研讨探求新的问题，则是一个时代学术的新潮流。

什么是新材料和新问题？寅恪先生 1926 年回国之前，主要是在德国柏林大学，跟从吕德斯（H. Lüders）、缪勒（F. W. K. Müller）等人学习梵文、回鹘文等，这两位学者正是当时德国乃至欧洲研究新疆古代遗址发现的梵文、藏文、汉文、回鹘文、于阗文、粟特文、"吐火罗文"（焉耆、龟兹文）、中古波斯文、帕提亚文等新的文献材料的主要倡导人，他们利用这些新材料，也包括敦煌藏经洞新发现的各种语言的文献，改写了西域历史的许多篇章，利用中亚新发现的梵文、于阗文、吐火罗文佛典，对于佛教东渐史增补了许多内容，利用中古伊朗语、突厥回鹘语文献，对摩尼教、基督教东传的历史，谱写了许多新的篇章。寅恪先生对于这些成绩，耳熟能详，并且希望把欧美东方学界利用新材料取得的成果，运用到中国的敦煌学研究中去。正是在这样一个学术背景下，他为新兴的"敦煌学"提出很高的要求，也给"敦煌学"指明了今后发展的方向，就是利用新材料，探讨新问题，推进学术新潮流。

但寅恪先生也担心，敦煌文献发现后的二十多年当中，日本和英法诸国学者多有所贡献，而中国学者撰述能够列于世界敦煌学著作之林者，也就是说真正可以说得上是利用新材料而研究新问题的，"仅三数人而已"。其原因是"国人治学，罕具通识"。因为中国学者受到清朝三百年文字狱的束缚，眼界狭窄，关注的主要是一些传统经典的校勘问题，而对敦煌文献中新的宗教典籍和公私文书，没有特别予以关注。比如罗振玉校录了慧超《往五天竺国传》，却没有做深入的研究，而是由日本学者藤田丰八完成了《慧超传笺释》的工作（1910 年 8 月）；又如罗振玉校录了摩尼教残经，因为不具现代宗教知识，误以为是"波斯教残经"，而把这件重要典籍的通盘研究，留给了法国学者沙畹和伯希和。因此，寅恪先生说中国学者的治学，很少具有系统全面的知识，即缺少"通识"。他所谓的"通识"，指的是应当具备世界性的眼光，而不要为固定的学术观念所拘束。陈弱水在《现代中国史学史上的陈寅恪——历史解释及相关问题》一文中，① 曾对所谓"通识"做过阐释。寅恪先生多次提到"通识"问题，他在撰写此序同一年发表的《敦煌本维摩诘经文殊师利问疾品演义跋》中也曾说，"然此只可为通识者道，而不能喻于拘方之士也"，② "通识"的对立面是"拘方"。

新材料和新问题，是构筑一个时代新学术的两个重要的支柱，寅恪先生不偏不倚地同时提示了这两方面的重要性。这个提示是对 1930 年以后敦煌学研究的方向性指引，直到今天仍然具有它的生命力。遗憾的是，中国的敦煌学界却更多地走向了追求新材料的一个方面，而有些非敦煌学的学人则极力贬低新材料的价值，导致空谈问题，没有进步。

我们知道，收藏在英、法、中、俄、日等国图书馆或博物馆中的敦煌文献不是一次性地公布出来的，因此在很长一段时间里，学者们都是以"挖宝式"的方法来获取材料。在寅恪先生撰写此文之前，中国的敦煌学研究者更多的是依赖于伯希和从巴黎寄赠敦煌写本的照片，或者就是有机会去巴黎、伦敦等

① 《学术史与方法论的省思——中研院历史语言研究所七十周年研讨会论文集》，台北，中研院史语所，2000 年。
② 《历史语言研究所集刊》第 2 本第 1 分；此据《金明馆丛稿二编》，页 185。

地抄录。像董康、刘复、胡适都抄录回来一些敦煌文献，有些只是作为自己研究的素材，如胡适的《神会和尚遗集》；有些则分赠友人，如王国维利用狩野直喜的录文完成一系列跋文；更好的是出版录文合集，供大家研究，如刘复的《敦煌掇琐》等。因此，中国的敦煌学研究从一开始就在不断地追求新材料，这固然是好事，因为新材料必然带来许多新的研究成果。但这样一种追求新材料的做法如果一成不变，等到敦煌文书变成并不新奇的"旧材料"之后，这门学问就越来越没有生命力了，甚至会产生很多炒冷饭的作品。

总体上来看，此前数十年的中国敦煌学研究，的确过多地依赖新材料，在追索新材料的同时，忘记了寅恪先生告诉我们的要思考新问题。实际上，把敦煌出土的典籍文书和人文社会科学领域的问题结合起来，是有许多新的问题可以提出，在史学、哲学、文学、艺术史、考古等学科方面，都可以利用敦煌资料来加以探讨，因为敦煌写本大多数是属于写本时代的书籍和未经史家润色的原始文书，有着独特的文本性格，特别是不受"后现代主义"对传统士大夫文献的解构影响，正是今天跨学科研究的新起点。就我所在的史学领域来说，比如丝绸之路城市的宗教汇聚问题，某些宗教派别如禅宗与地方社会的关系问题，女性或性别视角下的中古社会问题，写本医书和大量杂药方反映的医疗社会和医疗系统问题，本地本民族的胡语、汉语文书所见的民族或族群认同问题，敦煌写本所见的书籍样态与知识传播问题，等等。在新的社会史、文化史、宗教史、艺术史等学科当中，敦煌文献可以不断地推陈出新，敦煌学可以为新的跨学科研究做出更大的贡献。

只有如此，我们才能像寅恪先生所说的那样，即"内可以不负此历劫仅存之国宝，外有以襄进世界之学术于将来"。"不负国宝，襄进学术"，仍然是今天我们学界同仁都应当牢记于心的两句名言，也是敝人反复学习寅恪先生大著感受最深的体会。

（本文系荣新江教授 2020 年 1 月 4 日在复旦大学中文系、复旦大学古籍所、上海古籍出版社共同主办的"纪念《陈寅恪文集》出版四十周年暨纪念版发布会"上的发言稿，原刊《文汇学人》2020 年 1 月 18 日版）

陈寅恪与语文学

沈卫荣

　　曾负笈美欧，后以治中国中古史、中古文学饮誉士林的陈寅恪在本质上是一位杰出而典型的东方语文学家（oriental philologist），在我国的梵文/印度学、西藏学、蒙古学、突厥学和西夏研究等许多学术领域均有开创之功。就其学术旨趣、训练和成就而言，他所从事的"不中不西"、"不古不今之学"不啻为傅斯年所谓"虏学"与"汉学"的完美结合，从而得以超越中西同辈学人；其中亚（西域）语文学（"虏学"）造诣即便与汉学祭酒伯希和相较亦不遑多让，各有千秋。作为现代人文科学研究的基本手段和学术方法，语文学赋予现代人文科学学者的一种根本的学术态度和学术品格，一言以蔽之，即陈氏所倡导和践行的"独立之精神"和"自由之思想"。

一

20 世纪八十年代初，当我刚刚进入蒙元史学术领域时，老师们就吩咐我要多读王国维（1877—1927）、陈垣（1880—1971）和陈寅恪（1890—1969）等先生们的著作。当时囫囵吞枣、一知半解，但从此对他们的文章和学问有了很深刻的印象，对学术研究也有了敬畏之心，虽不能至，心向往之。

其实，王国维、陈寅恪二位先生的学问在那时候就已经曲高和寡，几成绝唱了。不曾料想到的是，他们竟然很快就坐上了中国现代学术的头一二把交椅，成了全民膜拜的明星学术偶像。渐渐地，他们变成了一个符号、一种象征，人们开始把对一位理想型的伟大学术人物的所有希望和期待都寄托在他们二人身上，他们是民族、国家、学术、传统、气节和情怀的象征，是中国文化的"托命之人"。

今天，人们对王国维、陈寅恪的崇拜愈演愈烈，陈寅恪倡导的"独立之精神，自由之思想"，成了当代学人梦寐以求的学术理想和坚持不懈的精神追求。比较而言，人们对他们的学问和学术本身却并没有深刻的认识和体会，坊间流传着很多关于他们的轶事、掌故，却较少有人专业地讨论他们的学术及其得失。① 或有谈学术的，但说得最多的总是王国维的《人间词话》和陈寅恪的《柳如是别传》。记得很多年前，蔡美彪先生曾经说过：王国维的《人间词话》是他还没有真正开始其辉煌的学术生涯前的试笔之作，而陈寅恪的《柳如是别传》则是在他年老目盲、无法自主地进行学术研究之后的述怀之作，或即如其自谦的"留命任教加白眼，著书唯剩颂红妆"。② 它们各有各的优秀，但都不能算是他们最具代表性意义的学术作品。

我生也晚，先学蒙元史，后习藏学、佛教学，从学几十年间一直仰望着王国维、陈寅恪二位先生，对他们天赋异禀的学术才华和无与伦比的学术成就推崇备至。自己有幸亦曾有很长的留学欧美的经历，对陈寅恪留学的两个主要学术机构，即哈佛大学的印度和梵文研究系和柏林大学（洪堡大学）亚洲研究

---

① 较早对陈寅恪的学术做了比较全面总结的是胡守为先生，他为 20 世纪九十年代初出版的《陈寅恪史学论文选集》撰写了长篇的"前言"，很好地总结了陈寅恪的学术经历和学术成就。《陈寅恪史学论文选集》，上海古籍出版社，1992 年，"前言"，页 1—31。

② 蔡鸿生《"颂红妆"颂》，《仰望陈寅恪》，北京，中华书局，2004年，页 11—24。

院，也比较熟悉。[①] 陈寅恪在这两个地方主要接受的是梵文、巴利文和印度学的训练，同时也学习了藏文、蒙文、突厥（古回鹘）文、西夏文、满文、波斯文等，受到了很全面的中亚语文学（Central Asian Philology, Sprach-und Kulturwissenschaft Zentralasiens）学术训练，这与我在德国求学的经历有一些交集的地方，故我对陈先生的学术成长历程有一份特殊的亲切感，对他早年的学术理路也能有比较直接的体会。[②] 陈寅恪归国后的前十年间，曾长期和流亡中的爱沙尼亚男爵钢和泰先生（Baron Alexander von Staël-Holstein, 1877—1937）一起研读梵文佛教文本，做梵、藏、汉文本佛典《大宝积经》、《妙法莲华经》的对勘和比较研究，而这也正是我归国十余年来积极倡导

---

① 陈寅恪曾先后两次入学的柏林大学，其实就是今天柏林的洪堡大学，这所大学创建于 1810 年，开始时称柏林大学，1828 年改称为 Königliche Friedrich-Wilhelms-Universität zu Berlin，1948 年改称柏林洪堡大学（Humboldt-Universität zu Berlin），以此与 1948 年于西柏林建立的自由大学（Freie Universität）作区分。此外，陈寅恪当年于哈佛留学时的"印度语文学系"（Department of Indic Philology）后于 1953 年改名为"梵文和印度研究系"（Department of Sanskrit and Indian Studies），进入 21 世纪后，它又改名为"南亚研究系"（Department of South Asian Studies）。

② 有关陈寅恪海外留学的经历，参见陈怀宇《在西方发现陈寅恪》，北京师范大学出版社，2013 年。

和从事的一个学术领域。① 为此，我时常重读陈寅恪的一些学术文章，吸收他的学术成果，对他的学术方法和学术成就有过一些总结和反思。于此，斗胆略陈管见，以就教于方家。

二

从他最初的学术志向、训练和成就来看，我认为陈寅恪首先是一位十分杰出的语文学家，确切地说，他是一位典型的东方语文学家（oriental philologist）。② 或有人会问什么是语文学？什么样的人又可称是语文学家？在这个语文学已惨遭遗忘的时代，要回答这两个问题恐怕不是三言两语的事情。语文学本来

---

① 王启龙《钢和泰学术评传》，北京大学出版社，2009 年；有关汉藏佛学研究历史的回顾和学科设想，参见沈卫荣《汉藏佛学比较研究刍议》，《历史研究》2009 年第 1 期。

② 陈寅恪曾提道："昔年德意志人于龟兹之西，得贝叶梵文佛教经典甚多，柏林大学路得施教授 Prof. Heinrich Lüders 检之，见其中有大庄严论残本。寅恪尝游普鲁士，从教授治东方古文字学，故亦夙闻其事。"陈寅恪《童受喻鬘论梵文残本跋》，原载《清华学报》第 4 卷第 2 期，1927 年 12 月；今见于陈寅恪《金明馆丛稿二编》，北京，生活·读书·新知三联书店，2018 年，页 234。此之所谓"东方古文字学"即与"Oriental Philology"对应。当时多有将 Philology 翻译成"古文字学"或者"比较文字学"的，如胡适先生为北京大学制定的文科课程中即将 Philology 称为"古文字学"。Lüders 教授在柏林大学的教席是"印度语文学"（Indische Philologie）或者"印度古代语言和文献学"。

就有不同的范畴和维度，它于不同的时期有不同的涵义。于陈寅恪之学术养成的那个年代，即 1920 和 1930 年代，世界学术承整个 19 世纪欧洲学术之流风余绪，俨然还是一个语文学的黄金时代。那个时代的人文科学学术研究以语文学为主流，或者说语文学就是那个时代的科学的人文学术研究的一个总称或者代名词。它是所有人文科学研究的基本手段和学术方法，具有至高无上的学术地位。① 那个时代的人文科学研究还没有严格地细分为历史、文学、哲学等分支学科，所有的人文学者，不管从事哪个具体的学术领域，你都必须是一位语文学家。换句话说，一名人文学者，若强调从语言和文本入手进行人文科学研究，通过学习这个民族/地区/国家之语言，整理和解读他们的文献，进而尝试研究和建构这个民族/地区/国家之历史、思想、宗教、文化和社会，那么，他/她就是一名称职的语文学家。② 毋庸置疑，陈寅恪就是那个时代的一名杰出的语文学家和人文学者。

今天，人们习惯于将语文学与哲学、思想和理论对立起

---

① James Turner，*Philology*：*The Forgotten Origins of the Modern Humanities*，Princeton，NJ：Princeton University Press，2015.

② 关于语文学和语文学的不同范畴，参见沈卫荣《说不尽的语文学》，《光明日报》2019 年 9 月 1 日光明阅读版；沈卫荣《人类会进入一个没有语文学的时代吗?》，《文汇学人》2020 年 4 月 27 日版。

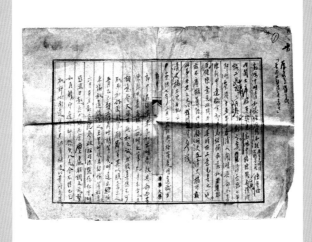

《高鸿中明清和议条陈残本跋》手稿

罗斯托夫采夫（Michael Rostovtzeff）

陈寅恪的备课笔记

《唐代政治史略稿》（手写本）书名页

《唐代政治史略稿》（手写本）内文页

蒋廷黻

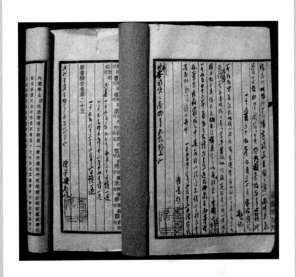

1939、1940、1942 年陈寅恪《新唐书》读讫题记

内藤湖南

来，以为语文学家是一个与思想家、哲学家对立的学术人类，他们是一些整日躲在象牙塔内，专注于做琐碎的、技术的考据之学的冬烘先生。这是对语文学和语文学家们的深刻误解。语文学家从来就不是一些没有思想、没有情怀的书呆子，他们不过是一群更理性、更科学、更独立、更自由和更坚信学术崇高和信守学术规范的人文科学学者。即使陈寅恪的家世、经历、学术和学识，都足以把他成就为一位十分有思想、有情怀的优秀人文学者，但从学术史的角度来看，他无疑是一位语文学家，而不是一位思想家或者哲学家。

或值得一提的是，今人感同身受、孜孜以求的"独立之精神，自由之思想"，于陈寅恪这里原本说的就是语文学赋予现代人文科学学者的一种根本的学术态度和学术品格。现代人文科学研究的基础和主要特征就是它必须是 Historical and philological studies，即必须是历史的和语文学的研究，同时还要求研究者必须具备最基本的学术批判精神。换言之，只有当人文科学研究是一种历史的、语文学的和批判性的研究，它才能脱离中世纪神学、经学的束缚，脱离现实政治和宗教神权的影响，所以，它才是现代的、理性的和科学的学术研究，否则人文科学，即与自然科学相对应的"精神科学"（Geisteswissenschaft），就难以称得上是科学，人文学者也就不可能具有"独立之精神"和"自由之思想"。①

    陈寅恪早年于海外所学涉及梵文/印度学、佛教学、藏学、蒙古学、突厥学(古回鹘研究)、西夏学和满学等众多学术领域,它们或都可归入东方学或者东方语文学(oriental philology)的学术范畴。而那个时代所有属于东方学范畴的学科从事的都是一种语文学的研究,即从研究这些民族、地区和国家的语

---

    ① 笔者以为,陈寅恪所说的"独立之精神"和"自由之思想"于当时的语境中更多的是表达他的一种学术态度,而不是一种现实的政治立场。历史学和语文学研究的科学性使人文学术研究最终得以打破神学、经学,以及现实政治和宗教的影响和束缚,达到现代人文学术研究所要求的科学和理性的境界,这才使人文学者能够真的具备"独立之精神"和"自由之思想",并使它们成为每一位人文学者必须要坚持的学术立场、原则和品格。他在《清华大学王观堂先生纪念碑铭》中说:"先生之著述,或有时而不章。先生之学说,或有时而可商。惟此独立之精神,自由之思想,历千万祀,与天壤而同久,共三光而永光。"原载清华大学《消夏周刊》1929年第1期,转引自《金明馆丛稿二编》,页246。我理解这段话当不是陈寅恪对超越其学术成就之外的王国维的政治态度的赞美,而更是对他的学术立场和学术精神的肯定和颂扬,是对支撑起这种学术立场的人文学者的人格力量的强调。陈寅恪后来于1932年在清华开"晋至唐文化史"时曾对学生们说过这样一段话:"而讲历史重在准确,不嫌琐细。本课程的学习方法,就是要看原书,要从原书中的具体史实,经过认真细致、实事求是的研究,得出自己的结论。一定要养成独立精神,自由思想,批评态度。"显然,陈寅恪于此主张的"独立精神,自由思想,批评态度"指的同样就是人文学术研究必须坚持的基本立场和原则。见蒋天枢《陈寅恪先生传》,《陈寅恪先生编年事辑》(增订本),上海古籍出版社,1997年,页222。关于语文学与自由的关系,参见 Sheldon Pollock,"Philology and Freedom", *Philological Encounters*,1,Leiden 2016,pp. 4 - 30.

言、文献入手，进而建构它们的历史、社会、哲学、思想和宗教文化，这是一种"民族语文学"（national philology）的研究。这样的学术格局的改变肇始于人文科学逐渐被划分成众多不同的分支学科，且被不断地精细化。至20世纪下半叶，北美的"区域研究"（area studies）异军突起，从此语文学的主导地位被彻底打破。"民族语文学"式的东方学研究逐渐被改变成为一种以多学科、跨学科，或者用社会科学的方法来研究一个地区、民族和国家的历史、社会、文化、政治和现实的学问。就如在传统汉学被现代的"中国研究"取代之后，语文学也就随之退出了学术的前台。有幸的是，即使是在作为现代人文科学之源头和代名词的语文学几乎被人遗忘了的今天，陈寅恪当年主修的那些东方文本语文学（oriental textual philology）学术领域依然被人当作是狭义的语文学的典型代表，它们中的一些专业正顽强地坚守着语文学最后的学术阵地。

三

以往人们习惯于从近世思想史的角度对陈寅恪自许平生所从事的"不中不西"、"不古不今之学"提出了很多哲学的和思想的解释，其中难免掺进了不少想象和拔高的成分，或有过度诠释之嫌。其实，我们不妨把陈寅恪的这种说法简单地理解为是他对他自己的治学方法的一种表白，表现出的是他于学术上的一种自信，甚至自负。他将自己的学问定位为"不中不西"、"不古不今之学"，绝不是要给他自己所从事的学术研究做出一个明确的时空界定，即把他的学术研究的范围限定为对"中古史"的研究，而是要树立起一种打破古今、中西之壁垒的崇高的学术观念和理想。所以，我们或更应把它看成是陈寅恪对自己的学术实践和方法做出了一个非常高调的 statement，这是一种很有气魄的学术宣言。"不古不今"、"不中不西"的实际意义是"亦古亦今"、"亦中亦西"，此即是说，他要在世界的东方学研究领域内做出一种贯通和超越古今、中西的学问，这精准地表达出了他崇高的学术理想和抱负。

陈寅恪无疑是世出世间百年难遇的一位天才型学者，他的学术人生曾于诸多不同的学术领域内纵横驰骋，皆能发前人之所未发，且自成一家之言。今人总结他为学术的一生，常把他对中国中古史的研究看成是他最高的学术成就，这显然有失偏颇。他之所以能在没有学位、没有发表一篇学术论文的情况下就被聘为清华国学院的四大导师之一，他之所以此后能在中古史和中古文学研究领域取得超越同时代中西方学者的巨大成就，这都无不与他所从事的"不中不西"、"不古不今之学"有重大的关联。而且，尽管从表面看来，他对中国中古史和中古文学的研究与他最初的学术经历、志向关联不大，他在哈佛和柏林留学时用力最多、最用心的是接受西方梵文/印度学和中亚语文学的训练。但正是因为他在海外接受了优秀的中亚（西域）语文学的训练，才使他后来所做的汉学研究呈现出了亦古亦今、亦中亦西的特色，并因此而独步于当时的汉学世界。陈寅恪在中亚语文学领域有过具有开创性意义的世界一流作品，他是现代中国之梵文/印度学、西藏学、蒙古学和西夏研究等许多学术领域的开创者之一，这使他同时也成为一名超越了以乾嘉学派为代表的传统汉学的中国"民族语文学"（新汉学/中国学）的奠基人和杰出代表。

陈寅恪留学期间学过梵文、巴利文、藏文，以及蒙古文、满文、古回鹘文、西夏文、波斯文等东方和中亚（西域）语文，据称他也曾学过拉丁文、希腊文等欧洲古代语文，当然他还通英、法、德、日等现代语文。仅从他掌握这么多东西方语文的能力来说，陈寅恪无疑是一位难得的优秀东方语文学家。过去常见有人讨论陈寅恪的西学水准，想知道这位已经成为传奇的学术明星的西学功底到底有多深厚。其实，回答这个问题的关键是如何定义西学。如果将西学定义为纯粹的西方人文学术，或者西方古典学，那么，除了传说他通希腊文、拉丁文外，陈寅恪在这方面不但没有专门著述，而且也没有留下很多线索，后人很难予以客观评价。如果我们可以把语文学、特别是把西方以语文学为主流的东方学研究，也认作西学的一个重要组成部分的话，那么，他亦当称得上是一位西学大家。今天我们若要说陈寅恪学贯中西，其中的西学指的只能是西方的东方学，更确切地说，是西方的东方语文学。

读陈寅恪的学术著作，特别是他前期的学术论文，不难看出他所做的学术研究都是用语文学方法，在批判性地吸收了中、西方最新研究成果之后，充分利用新发现的和前人没有能力利用和解读的多语种文献资料，对中国各民族的历史、宗教和文化所做出的前沿性的研究成果。由于陈寅恪对西方的中亚（西域）语文学研究有非常好的了解，使他对中国，特别是中国之西域的研究，超越了以清乾嘉学派为代表的中国传统汉学研究的成就，把被西方学者称为"中国语文学"的乾嘉考据之学推上了一个新的台阶。① 与此同时，由于陈寅恪对中国传统学术的精深了解，和他对中国和日本相关学术成果的掌握和吸收具有得天独厚的优势，故在很多与汉学和中亚语文学相关的具体课题的研究上，他也做出了比同时代的西方汉学家和中亚

① Benjamin A. Elman, "Early Modern or Late Imperial? The Crisis of Classical Philology in Eighteenth-Century China", *World Philology*, edited by Sheldon Pollock, Benjamin A. Elman and Ku-ming Kevin Chang, Cambridge: Harvard University Press, 2015, pp. 225-244.

语文学家们更渊博、更精深的学问，充分反映出了他所期许的这种"不中不西"、"不古不今之学"的典型特征和学术高度。

傅斯年先生（1896—1950）曾将中国旧式学者自己所做的这一套研究中国古代文史的传统学问称为"汉学"，同时把西方学者利用西方历史语言学和中亚（西域）语文学的知识和方法，来解读和解释汉文文献中的非汉语词汇及其历史和文化涵义，以及研究古代中国周边诸非汉民族的历史和文化传统的那一套学问称为"虏学"，而理想中的世界最一流的、现代的汉学（更确切地说是中国学、中国"民族语文学"）研究应该就是"汉学"与"虏学"的完美结合。傅先生倡议建立"中央研究院历史语言研究所"的宗旨就是要通过将西方以"虏学"为特色的汉学／中国学研究传统引入中国，以此为榜样来建构和实践中国的"民族语文学"，并由此而实现对中国传统人文学术的现代化，在中国建立起科学、理性和学术的现代人文科学研究机构和传统。①

就当时世界汉学研究的总体而言，中国学者精于"汉学"，

---

① 傅斯年《历史语言研究所之工作旨趣》，原刊民国十七年（1928）十月国立中央研究院《历史语言研究所集刊》第1本第1分。Perry Johansson, "Cross-Cultural Epistemology: How European Sinology Became the Bridge to China's Modern Humanities", *The Making of the Humanities*, Volume III: *The Modern Humanities*, Rens Bod, Jaap Maat & Thijs Weststeijn eds., Amsterdam University Press, 2014, pp. 449–464.

西方学者专擅"虏学"。职是之故，要把世界汉学研究的中心从巴黎夺回北京的难点和重点不在于"汉学"，而在于"虏学"，在于中国学者如何在"虏学"上能够赶超西方的汉学大家。而陈寅恪的"不中不西"、"不古不今之学"恰好就是"汉学"与"虏学"的完美结合，他本人既精通"汉学"，也长于"虏学"，所以，尽管他在西方从没有主修过汉学，可他的学术能力却可以媲美当时世界最一流的汉学家。中国传统汉学的训练对他来说几乎是无师自通，俱生成就，而他的留学经历又全部是"虏学"训练的纪录。于哈佛、柏林多年潜心于学习梵文/印度学和中亚语文学的经历，并没有让他日后成为一名专业的梵文/印度学家和中亚语文学家，然而，他学到的这一套语文学方法和他所接受的多种西域胡语的学习和训练，却既保证他成为一名可与西方优秀东方学大家比肩的"虏学家"，同时也使他成就为一名超越了传统中国学问大家的无与伦比的现代汉学大家。①

①　对此或亦可引傅斯年对陈寅恪的评价为依据，傅先生在他所著《史学方法导论》中引陈寅恪的《吐蕃彝泰赞普名号年代考》一文作为"纯粹史学的考定"的一篇范文，以此说明"其实史学语学是全不能分者"。其中说："我的朋友陈寅恪先生，在汉学上的素养不下钱晓征，更能通习西方古今语言若干种，尤精梵藏经典。近著'吐蕃彝泰赞普名号年代考'一文，以长庆唐蕃会盟碑为根据。'千年旧史之误书，异国译音之讹读，皆赖以订'。此种异国古文之史料至不多，而能使用此项史料者更属至少，苟其有之，诚学术中之快事也。"《傅斯年全集》第2卷，长沙，湖南人民出版社，2003年，页321。

　　过去人们习常以为陈寅恪归国后的前十余年间主要致力于从事中亚语文学或者"虏学"的研究，到1930年代末，因战乱而不得不"转徙于滇池洱海之区"、"乞食于西南天地之间"，从此便放弃了西域胡语和西北史地研究，开始专注于中国中古史的研究。事实上，陈寅恪毕生的学术研究都是以研究汉文文献和中国的历史、宗教、文化为出发点的，他早年在西方所受到的"虏学"训练和学术技能，绝大部分都被他用来帮助解读那些从纯粹的传统汉学的角度无法解读或者被误读了的汉文文献，进而揭示这些文献中隐含的那些不属于汉族传统的历史和文化内容。他从来没有专注于纯粹的梵文/印度学、藏学、蒙古学、突厥学等专业学术领域的研究，而更多的是将他在这方面的学术训练和造诣用于帮助他更好地从事汉学研究，即如云"尝取唐代突厥、回纥、吐蕃石刻补正史事"者，他的学术关注点始终是汉语语文学，汉语文献（文学）和中国历史、宗教和文化从来都是他所作学术研究的起点和重点。

　　自1926年开始陈寅恪执教于清华国学院，他于最初几年间发表的学术文章以对汉译佛经的语文学研究为主，教授的课程也以"佛经翻译文学"、"西人之东方学之目录学"、"梵文文法"和"蒙古源流研究"为主题。但随后几年发表的作品中，即已多见《元代汉人译名考》、《三国志曹冲华佗传与佛教故

事》和《西游记玄奘弟子故事之演变》等非典型的佛经研究类
的汉语语文学研究文章。自 1931 年始任清华大学中文系、历史
系合聘教授后，除了继续开设"佛经文学"课程外，他也教授
"世说新语研究"、"唐诗校释"、"魏晋南北朝史专题研究"和
"隋唐五代史专题研究"等课程。虽然，他研究中国中古史的
两部力作《隋唐制度渊源略论稿》和《唐代政治史述论稿》分
别写成于 1939 年和 1941 年，但是，他对李唐氏族的研究最早
见于 1931 年，而于整个 1930 年代他发表的著作中已多见他对
隋唐家族、制度和唐代宗教、政治史的研究文章，它们与他对
佛经文学、敦煌文献和西藏、蒙古文献、历史的研究并行不
悖。由此可见，他的学术兴趣自始至终以汉语佛教经文、汉语
文学和中国中古史、中古佛教史研究为主，并没有在前后十年
之间发生断裂式的改变。①

四

　　如前所述，陈寅恪具有的杰出的中亚（西域）语文学造

---

　　① 蒋天枢《陈寅恪先生论著编年目录》，《陈寅恪先生编年事辑》（增订
本），页 193—203。

诣，不但使他超越了传统的中国汉学家和中国学术，而且同时也使他成就为一名西方学术语境中的优秀的东方学家。但是，他之所以既能于中国被推上现代学者的头把交椅，人称清华园内"教授中的教授"，同时又能受到西方学界的高度推崇，英国牛津大学曾两次请他入掌汉学教席，这大概既不是因为他的中亚语文学造诣高于西方学人，也不在于他于传统汉学的造诣超过了他同时代的其他中国学术大家，而在于他兼擅"汉学"与"虏学"，而且于二者都有很深的造诣，故超越了同时代的中西学术大家。

于此，我们或可将陈寅恪与 20 世纪世界汉学拿摩温、法国学者伯希和先生（Paul Pelliot, 1878—1945）做一个简单的比较。同样，伯希和既是一名杰出的汉学家，也是一名伟大的中亚语文学家，他虽然主修汉学，并有非常卓越的造诣，但他对汉语文以外诸多胡语及其文献也有十分全面和深入的了解和研究，尤其擅长对它们进行比较研究。他于国际汉学的学术地位之所以崇高到令人至今无法望其项背，即正在于他能够将汉学和中亚语文学研究熔于一炉，令二者相辅相成，相得益彰。①

---

① 对伯希和学术成就的评价，参见 Edward Schafer, "What and How is Sinology?" *Tang Studies*，8 - 9，1990 - 91，pp. 23 - 44.

伯、陈二位先生的学问原则上取径一致，但各有千秋。显然，在中亚语文学方面，特别是在历史语言学和审音勘同这个领域，伯氏远胜于陈氏；但若论对汉学的精熟，陈氏则胜于伯氏，不可想象伯希和也能写出像《论再生缘》或者《柳如是别传》这样的作品，甚至他也不可能写出像《隋唐制度渊源略论稿》和《唐代政治史述论稿》这样的历史著作。作为人文科学研究之基本学术方法的语文学本身具有两个不同的维度，一是它的实证的、科学的和技术性的维度，一是它的人文的、推测性的维度（speculative dimension），前一维度以后发展成为语言学研究，后一维度则演化为文学研究，特别是比较文学研究。同为语文学家的伯希和和陈寅恪显然于这两个维度中各擅其一，于科学性、语言学伯胜于陈，于推测性、文学研究陈胜于伯。

值得一提的是，伯、陈二人的治学和著作风格亦颇为类似，既都有别人难以企及和复制的渊博、精致，同时也都有与众不同的独立和自由的学术品质。伯希和虽一生著述宏富，但基本没有专著性质的皇皇巨著传世，其大部分作品都是对一部古代文本或者今人研究成果的解读和评注，著述从来信马由缰、随心所欲，虽多以不厌其烦的考据为主，脚注常较正文内容更加丰富，然下笔万言，无一句戏论，都是常人闻所未闻或者捉摸不透的知识和学问。① 同样，陈寅恪早年的学术论文很大一部分也都是为他人著作所作的序、跋、（读）书后（记）、补正和笺证之类的作品，文章形式不拘一格，大都很短小，要言不烦，但学问之甚深、广大，令人叹服。读者虽或一时不解其重心和要害之所在，却不难瞥见其汪洋恣肆、博大精深。② 如果按傅斯年对"汉学"和"虏学"的划分标准来评价，伯氏和早期的陈氏所做的学问都更侧重于"虏学"，都是以"虏学"助攻汉学。然而，后期的陈寅恪则专注于汉学，特别是进入晚年之后，他又主要专注于解读和研究诗文类的汉语文学作品，以诗证史，而较少涉及中亚语文学研究。而伯希和的研究则自始至终多以中亚语文学为侧重点，并因此而独步世界汉学，为汉学研究的进步做出了无与伦比的特

---

① Denis Sinor, "Remembering Paul Pelliot, 1878 - 1945", *Journal of the American Oriental Society*, Vol. 119, No. 3, 1999, pp. 467 - 472; Hartmut Walravens, *Paul Pelliot* (1878 - 1945)：*His Life and Works — A Bibliography*, Bloomington：Indiana University Oriental Studies IX. Research Institute for Inner Asian Studies, 2001.

② 俞大维先生称陈寅恪本来是可以写成一部新蒙古史的，"他平生的志愿是写成一部'中国通史'及'中国史的教训'，如上所说，在史中求史识。因他晚年环境的遭遇，与双目失明，他的大作（Magnum Opus）未能完成，此不但是他个人的悲剧，也是我们这个时代的悲剧"。《陈寅恪先生编年事辑》（增订本），页 51。

殊贡献。①

坊间盛传日本学者白鸟库吉（1865—1942）先生曾于1934年以中亚史问题向德、奥诸国学者请教，未得圆满解决，时有柏林大学的学者建议他向陈寅恪教授请教。最终白鸟在陈寅恪给他的回信中得到了满意的答案，于是对陈寅恪敬服得五体投地。② 这个故事或只是一个美丽的传说，迄今并无实证可据，没有人亲眼见到过白鸟与陈寅恪之间的来往信函。然而，陈寅恪对白鸟库吉之学问的评价却有案可稽，他在1936年给中研院史语所的年轻历史学者陈玉书（即辽史专家陈述，1911—1992）的一封信中有这样一段话，曰："白鸟之著作，一日人当时受西洋东方学影响必然之结果，其所据之原料、解释，已缘时代学术进步发生问题。且日人于此数种语言，尚无专门权威者，不过随西人之后，稍采中国材料以补之而已。公今日著论，白鸟说若误，可稍稍言及，不必多费力也。"③ 显然，在对

---

① 伯希和于法兰西学院的教席名为"中亚语言、历史和考古学教授"（the Chair of the Language, History and Archaeology of Central Asia），这是该学院专门为伯希和一人所设的教席，及身而止。而于同时期在法兰西学院继任沙畹、担当汉学教席的是另一位汉学大家马伯乐先生。

② 汪荣祖《史家陈寅恪传》（增订版），台北，联经出版事业公司，1998年，页68；《陈寅恪先生编年事辑》（增订版），页82。

③ 蒋天枢《师门往事杂录》，《陈寅恪先生编年事辑》（增订版），页245。

中、西学术都有足够自信的陈寅恪看来，白鸟库吉当时受了
"西洋东方学影响"而"稍采中国材料"做成的学问并不很值
得推崇。白鸟在日本倡导西域和满蒙研究确实就是因为受到西
方东方学研究成就的刺激和影响，但他对西方和中国的了解，
和他于汉学和"虏学"两个方面的造诣或都不及陈寅恪，是
故，年长于陈寅恪二十五年的白鸟库吉佩服这位中国晚辈学术
同行的学问也不是完全没有可能的。

五

人们常常被陈寅恪精通二十余种语文的传奇所慑服，闻者
无不心悦诚服、欢喜赞叹。不得不说，这只不过是人们神话化
建构学术偶像时惯用的一种善巧方便。其实，要想成为一名出
色的语文学家，甚至语言学家，并不是只要发奋多学几种语
言，就可以即身成就，功德圆满的。也不是说谁懂的语言越
多，谁的学问就一定更大、更好，语文学家和语言学家都不是
非得懂上几十种外语不可。就如懂汉语文或者懂藏语文，并不
表明你就是一名出色的汉学家或者藏学家一样，它只是能成为
汉学家和藏学家的一个必要条件，但还远不是充分条件，除此
之外，你还需要接受其他一系列精致和复杂的语文学学术训

练。况且，学术语言还分为目标语言和工作语言，如梵文、藏文、蒙文、满文、回鹘文、西夏文等，都是目标语言，它们是需要学者们以毕生的精力投入进去的专业研究的对象。而英、法、德、俄、汉、日文等，则是学术研究的工作语言，对工作语言的掌握并不像对目标语言的掌握那么严格、艰难和有学术意义。

语文学家与专业的语言学家不同，他们不专门研究语言及其形式本身，而是要通过对语言的学习和研究更好地解读文本，以揭示文本中所蕴含的历史真相和文化意义。尽可能多地掌握多种语言当然是从事语文学研究，特别是文本语文学（textual philology）和比较语文学（comparative philology）研究的一个重要条件，但衡量一名学者是不是优秀语文学家的标准，并不只是他/她懂得多少种语言，除此之外，他还需要接受更多种与语言、文字、文本、历史、宗教和文化研究相关的专业学术训练。例如，如果你是一位印藏佛教语文学家，那么，你必须通梵文和藏文，假如你还能兼通巴利文、汉文、蒙古文等语文，则无疑更好，但你并不需要学通所有与佛教相关的语言。与此同时，你还必须接受与佛学相关的其他诸如历史学、哲学和宗教学领域的多种专业学术训练，否则你就难以成为一名杰出的印藏佛教语文学家。

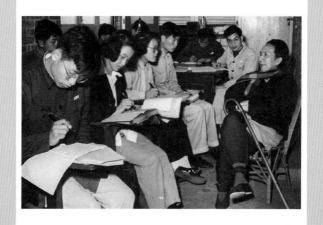

陈寅恪在家中为学生授课

019
016

古典文學出版社擬稿紙（ ）

指示办理。⒈有价之稿，请仔细，千万以一件事通。⒉三种原合给贴通信，重如。⒊寄送上海▢▢图▢▢速寄，▢▢送▢二▢，……

陈〇〇

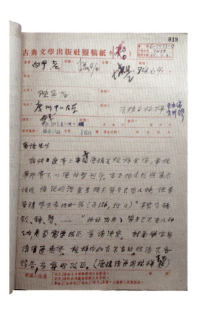

编务（58）字第160号

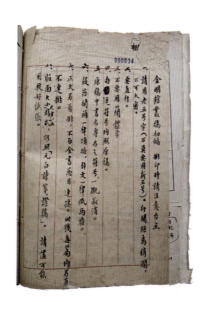

金明館叢稿初編

一、請用老五號字（万不要用新五号）。行間距离爲得宜，
不可太窄。

二、要直行。

三、不要用簡體字。

四、与圖（□）連〔符号〕均照原稿。

五、原稿中書名号之符号一概取消。

六、毅落開頭一律頂格，引文一律低兩格。

七、正文若再排，不与全書恣目連接。此後每篇内另頁
不連排。

八、版面大小辦法，仍照元白詩箋證稿。
如要好紙張。

請匯可能

金明馆丛稿初编排印时请注意各点

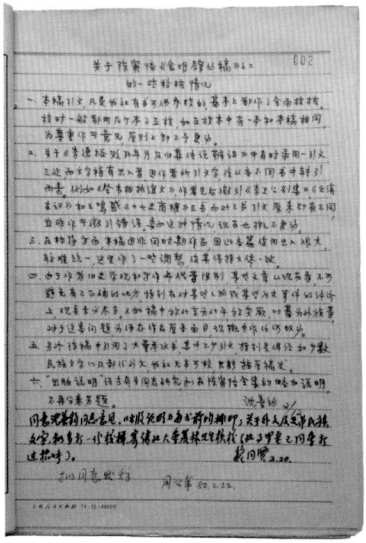

关于陈寅恪《金明馆丛稿》之二的一些校核情况

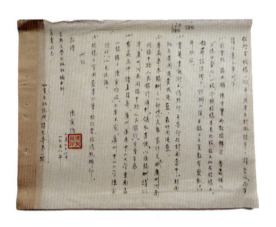

陈寅恪 1958 年 2 月 21 日致古典文学出版社信

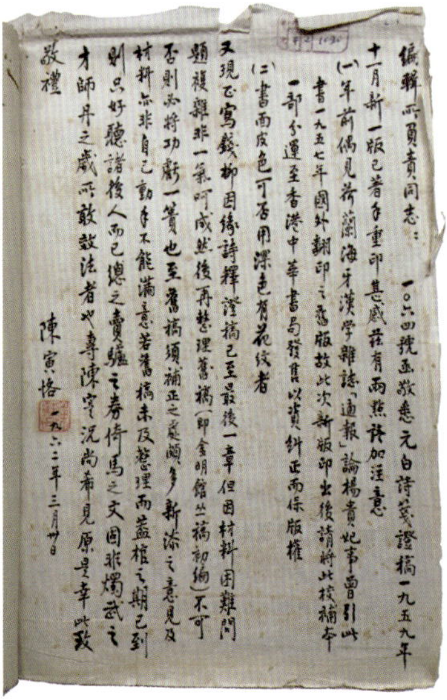

显然，陈寅恪并无意于成为一名职业的语言学家，虽然很长时间内语言研究，特别是历史语言学曾被人当作语文学的代名词，但他并不特别擅长于做"审音勘同"一类的历史语言学的学术研究。例如，他曾试图重新构拟汉译元帝师八思巴（1235—1280）造《彰所知论》（*Shes bya rab gsal*）中出现的"多音国"一词的藏文原文，却犯了很不语文学的错误，受到后人诟病。[①] 在语言学和历史语言学这个领域，与他同时代或稍后的赵元任（1892—1982）、李方桂（1902—1987）和韩儒林（1903—1983）等中国学者，都比他更专业、更优秀。陈寅恪无疑更乐意于把他过人的语文能力和知识积累，应用于多语种文本的比较研究上，即用于通过广泛地阅读和比较多语种的宗教、文学和历史文献，来研究和解释诸民族和宗教的历史，特别是研究不同民族、宗教和文化之间互动和交流的历史，并通过对不同语种文本之间的传承和嬗变关系的梳理，来理清某些特定的词汇、叙事、观念、习俗和制度、文化在不同民族之间的流传和变革的历史。不言而喻，这同样是一种十分典型的从语言到文本，再到历史和文化的语文学研究路径。

---

① 沈卫荣《再论〈彰所知论〉与〈蒙古源流〉》，《中研院史语所集刊》第 77 本第 4 分，2006 年，页 697—727。

当陈寅恪于 1926 年秋赴任清华大学国学院导师，讲授
"佛经翻译文学"和"梵文文法"时，他或是当时全中国唯一
一位懂梵文的大学教授。比他更早在中国大学开梵文课的是钢
和泰，自 1921 年开始他就曾受邀在北京大学做印度学、佛学和
梵文讲座，当时贵为北大文科学长的胡适先生（1891—1962）
还曾亲自担任口译。① 可是，当年的北大竟然穷到要连续拖欠
钢和泰特聘教授薪水长达二年之久的地步，北大的学生中也没
有真正对梵文、印度学特别感兴趣者，迫使他不得不中断了梵
文课的教授。② 陈寅恪的梵文水准应当具有相当的高度，对此

---

① 钱文忠《男爵及其幻想：纪念钢和泰》，《读书》1997 年第 1 期；王
尧《平凡而伟大的学者——于道泉》，石家庄，河北教育出版社，2001 年，
页 312—313。关于钢和泰生平和对亚洲研究的学术贡献的简明介绍，参见
Serge Elisseeff, "Stael-Holstein's Contribution to Asiatic Studies", *Harvard
Journal of Asiatic Studies*, Vol. 3, 1938, pp. 1-8.

② 于 1932 年 2 月 25 日致哈佛燕京学社社长 George Henry Chase 先生
（1874—1952，考古学家，时任哈佛大学研究生院院长）的一封信中，钢和泰
做了如下陈情："在汉印研究所的团队工作持续改进的同时，我必须承认国立
（北京）大学的学生在这很困难的几个月里没有显示出对我们的研究有多少兴
趣。与对梵文相比，他们对政治更感兴趣。我依然还是国立（北京）大学的
荣誉教授（完全不支薪），但好多月来我没有给任何中国学生上过课。在目前
的危机结束以前，我大概不会再去上这些课了。不过，我继续我的《莲华经》
私塾课堂（每周四小时）。现在我和雷兴（[Ferdinand] Lessing）和陈寅恪
（Tschen Yin Koh）二位教授一起读《莲华经》（一个梵文本、一个藏文译本、
二个汉文译本，和几部注疏）。"

钢和泰在他当年给哈佛燕京学社提交的年度报告书，以及他给胡适、商务印书馆的多封信函中都有提及，称陈寅恪的梵、藏文水准都不在他本人之下。有意思的是，钢和泰在向哈佛燕京学社介绍陈寅恪时称他是北京知名的作家、学者，后来还曾替《哈佛亚洲研究杂志》（*Harvard Journal of Asiatic Studies*）邀请他为杂志撰写汉学研究专稿。① 陈寅恪是钢和泰在北京所建立的汉印研究所（Institute of Sino-Indian Studies）中首屈一指的

① Tschen Yinkoh, "Han Yu and the Tang Novel（论韩愈与唐代小说）", *Harvard Journal of Asiatic Studies* I, 1936, pp. 39－43. 这是《哈佛亚洲研究杂志》的创刊号，它由哈佛燕京学社的首任社长、哈佛大学东方语言教授 Serge Elisseeff 先生（1889—1975）创办，邀请多位中国学者投稿。陈寅恪先生的这篇短文用汉文写成，由这份杂志的联合创办人、哈佛大学毕业的第一位汉学博士魏楷（James R. Ware）先生亲自翻译成英文。魏博士主要研究魏晋南北朝时期的历史文化，特别是那个时代的佛教和道教。同期杂志上，还有另外二篇中国学者的文章，一篇是中央研究院赵元任的文章 "Notes on Lia, Sa Etc."，另一篇是"国立北京大学"汤用彤的 "The Editions of the Ssû-shih-érh-chang（论《四十二章经》的版本）"，汤先生的文章也是魏楷博士翻译的。此外，还有钢和泰的文章 "The Emperor Ch'ien-lung and The Larger Śuramgamasutra（乾隆皇帝和广本《首楞严经》）"。在蒋天枢编《陈寅恪先生论著编年目录》中，这是陈寅恪发表的唯一一篇英文论文，但是在《哈佛亚洲研究杂志》第三辑纪念钢和泰专号上至少还发表过陈寅恪的另一篇论文，即 Tschen Yin-koh, "The Shun-Tsung Shih-Lu and The Hsu Hsuan-Kuai Lu（《顺宗实录》与《续玄怪录》）", *Harvard Journal of Asiatic Studies*, Vol. 3, pp. 9－16. 这篇文章当也是由魏楷博士翻译成英文的。有意思的是，陈寅恪两次发文，第一次于1936年时标明"国立清华大学"，第二次于1938年时则标明"清华大学、长沙，湖南"。

研究员，其他参与这个研究所工作的中国学者，如于道泉（1901—1992）、林藜光（1902—1945）等，都是钢和泰的入室弟子，只有陈寅恪才是可与这位德国哈勒（Halle）大学的印度学博士并驾齐驱的同事和学术知己，他们都曾先后师从德国印度学家"路得施教授 Prof. Heinrich Lüders"学习梵文，所以很多年间，陈寅恪每周六都要进城去东交民巷钢和泰寓所和他一起阅读、比勘梵、藏、汉文版《大宝积经》、《妙法莲华经》等。①

　　陈寅恪曾评价钢和泰"学问不博，然而甚精"。② 平心而论，比较他们二人的学问，论博雅陈远胜于钢，然论专精他或比钢逊色，这是因为他们二人有完全不同的学术定位。钢和泰是地道的印度学家、佛学家或者中亚语文学家，他的学术研究专注于梵、藏、汉文佛教文本的对勘，而且更用心于语言的研究，除了对《大宝积经》的对勘研究于国际佛教学界独树一帜外，他亦对吐火罗语研究的进步有所贡献，还发表过《音译梵

---

　　① 陈寅恪女儿陈流求回忆："父亲从不满足自己掌握的治学工具，每逢星期六上午，不分寒暑都进城到东交民巷找一位叫钢和泰的外籍教师，学习梵文。"《陈寅恪先生编年事辑》（增订版），页82。

　　② 语见陈寅恪致傅斯年函，《陈寅恪书信集》，北京，生活·读书·新知三联书店，2001年，页48；参见陈怀宇《从陈寅恪论钢和泰的一封信谈起》，《书城》2009年第6期。

书与中国古音》一文，有意通过汉译佛经与梵文原典的对勘来研究汉语古音韵。[1] 而陈寅恪尽管主修梵文／印度学多年，却最终并没有成为一位职业的梵文／印度学家，他也不能被算作是一位专业的藏学家或者蒙古学家、突厥学家、西夏学家等等。他的学术著作涉及了以上所有领域，却但开风气不为师，都是点到为止，并没有专注和深入于其中任何一个特殊的专业领域。

于 1920 和 1930 年代，一位职业的印度学家或者藏学家、突厥学家、蒙古学家、西夏学家等东方语文学家，通常都会专注于对一个古代的梵文、藏文、回鹘文、蒙文、西夏文的文本研究，先设法收集到这个文本的所有不同的抄（版）本，对它们进行比较和对勘，据此制造出一个十分精致和可靠的精校本（critical edition），然后对它进行翻译和注释。于今，人们常将这种传统的东方文本语文学研究狭义地界定为语文学，似乎只有这样的专业文本研究才是语文学的正宗。这种类型的文本语

---

[1] 钢和泰著，胡适译《音译梵书与中国古音》（"The Phonetic Transcription of Sanskrit Works and Ancient Chinese Pronunciation"），《国学季刊》1923 年第 1 期；钢和泰曾于 1928 年被哈佛大学聘为汉语讲师，1929 年始被聘为中亚语文学教授，但他选择很快回到北京，主持中印研究所的工作，其原因是他认定北京才是从事佛学研究最理想的地方，只有这里汉传佛教、藏传佛教和蒙古佛教才都还是活着的传统。而陈寅恪则对佛教教法、义理本身并没有像对文本和历史那样有很大的研究兴趣。

文学研究在过去的几十年里发展得越来越精致，学术门槛和要求越来越高，而今日能牢固坚守这种传统的学术领域却越来越少，其中最杰出的代表学科当推印藏佛学研究（Indo-Tibetan Buddhist Studies）。遗憾的是，与此同时语文学却越来越被边缘化，最终沦为一门拾遗补阙的、流亡中的学问。好像只有当它的研究对象在时空上离研究者越遥远，语言越冷门、文本越破碎的时候，语文学才需要最大程度地到场，否则，根本就没有它的用武之地。正因为如此，语文学今天才会被人讥讽为"妆扮整齐，却无处可去"（all dressed up, but nowhere to go），远不如高谈理论、阔论范式、喜作宏大叙事的那一类学术吃香。①

　　陈寅恪留学欧美时受到了专业的印藏佛教语文学训练，回国后又和钢和泰一起对勘梵、藏、汉文版《大宝积经》，十年间继续实践这种学术传统。可是，他从来没有发表过此类纯粹的印藏（汉藏）佛教文本语文学研究作品。与他同时代的中国学者在这一领域内做出过重大贡献的唯有钢和泰的弟子林藜光先生。他在二战前后旅居法都巴黎十又二年，专门从事对《诸法集要经》的梵、藏、汉文文本的厘定、对勘和翻译、研究，

----

　　① Sheldon Pollock "Future Philology? The Fate of a Soft Science in a Hard World", *Critical Inquiry*, Vol. 35, No. 4, The Fate of Disciplines Edited by James Chandler and Arnold I. Davidson (Summer 2009), pp. 931 - 961.

用法文出版了一系列的研究成果，它们至今依然是这个国际性学术领域内的经典之作。① 而陈寅恪甚至也没有做过任何中亚（西域）胡语的文本语文学研究，没有发表过对任何一个胡语文本（残本）做收集、对勘和译注等文本语文学研究的作品。他所受东方古文字学或者东方文本语文学的训练基本都用于他对汉语佛教文本，特别是它们与梵、藏、西夏等相应文本的比较研究上。值得一提的是，陈寅恪的学生、于他之后曾留德十年、比他接受了更好更全面的印度学学术训练的季羡林（1911—2009）先生，回国后也没有做过制作梵文文本精校本一类的典型的东方文本语文学的研究工作，而更多地从事了中印文化交流史的研究。② 所以，不管是陈寅恪，还是季羡林，

---

① 林藜光所作《诸法集要经》梵、藏、汉文本对勘和法文译注在其老师、著名法国汉学家戴密微先生（Paul Demiéville，1894—1979）的帮助下在西方陆续出版，至今饮誉士林。晚近他的学术著作引起了国内学界的重视，得以全套重新影印出版。林藜光《林藜光集：梵文写本〈诸法集要经〉校订研究》，四卷，上海，中西书局，2014 年；徐文堪《林藜光先生的生平和学术贡献》，《文汇学人》2014 年 12 月 19 日版。

② 季羡林于其学术生涯的晚年对藏于新疆博物馆的吐火罗语《弥勒会见记》残片做了整理、校订和译注，凸显出其东方文本语文学家的本色。1998 年，他和海外名家合作结集出版了他对这些残本的研究成果，*Fragments of the Tocharian A Maitreyasamiti-Nataka of the Xinjiang Museum*, *China* (Trends in Linguistics. Studies and Monographs [TiLSM] Book 113), Edited by Xianlin Ji in collaboration with Werner Winter and Georges-Jean Pinault, De Gruyter Mouton, 1998 (2011).

虽然他们都是当代中国杰出的学术大师，但是，他们于国际梵文／印度学、中亚（西域）语文学界的学术影响力却远没有我们乐意相信和想象的那么伟大。

显而易见，像文本语文学这样的西方学术传统，与中国的传统学术习惯相距甚远，长期以来很难得到中国学界的广泛接受。1926 年，钢和泰在上海商务印书馆出版了英文著作《大宝积经迦叶品梵藏汉六种合刊》，它的出版得到了梁启超（1873—1929）和胡适等当时中国学界最有影响力的学者们的大力支持，可称是世界佛学研究史和中国学术出版史上具有里程碑意义的一件大事。① 但是，这样高品质的西文文本语文学学术著作出现于 1920 年代的上海，实在是中国出版行业的一个奇迹，也是绝唱。即使在百年后的今天，这种类型的文本语文学研究著作依然得不到中国学术界的广泛认可，这类学术成果

_____

① 钢和泰在上海商务印书馆出版这部著作前后花了四年时间，历经曲折和辛酸。*The Kāçyapaparivarta: a Mahāyānasūtra of the Ratnakūṭa class / edited in the original Sanskrit, in Tibetan and in Chinese by Baron A. von Staël-Holstein* ＝大宝积经迦叶品梵藏汉六种合刊/钢和泰著，上海，商务印书馆，1926 年。值得一提的是，《大宝积经》的梵、藏、汉对勘研究直到今天仍被欧洲佛教学界看重，荷兰莱顿大学的科研团队将传统佛教语文学研究方式与"数字人文"相结合，成立了以《大宝积经》翻译对勘为主要内容的"Open Philology: The Composition of Buddhist Scriptures"大型项目，获得了欧洲科研委员会（European Research Council）上百万欧元的经费支持，见项目官网：https://openphilology.eu。

也很难被现今中国的顶级学术刊物所接受和发表。

六

一千个人眼中有一千个陈寅恪,以上我只是试图从语文学的角度出发,来理解和解读陈寅恪的学术和人生。当我将陈寅恪早年的学术训练、学术经历和学术著作,摆放在 1920 和 1930 年代欧美人文科学研究的语文学传统之中,把它们放在民国中国建设中的"民族语文学"学术语境之中进行观照时,我深信陈寅恪首先是一名优秀的东方语文学家,是一名坚持从语言、文本入手做语文、历史和文化研究的杰出人文学者。他所倡导的"独立之精神"和"自由之思想"非常准确地表达了人文科学研究必须坚持的科学和理性的语文学态度和立场。他所追求的"不中不西"、"不古不今之学"是一种打破中西、古今的崇高的学术观念和理想,是他对自己的学术实践和方法做出的一个高调的总结。兼擅"汉学"和"虏学"的陈寅恪是现代中国人文学术最杰出的代表之一,他是现代中国佛教语文学和中亚语文学,特别是蒙古学和西藏学研究传统的开创者。作为一名能从国际最前沿的学术出发,对多语种文本、多民族文化做出一流研究的杰出语文学家,陈寅恪今天依然是我们这

一代中国学者的学术楷模和精神领袖，对他的学术人生的怀
念和颂扬则时时提醒我们：当下中国的人文科学学术研究应该
回归语文学。①

（本文原载《北京大学学报［哲学社会科学版］》2020 年
第 4 期）

_____

① 最后需要说明的是，我对陈寅恪学术人生的理解主要来自对他早期
的学术经历和学术著作的探讨和分析，而他对中国中古史和中古文学的研究
或是他学术人生的另一座高峰，对他这类研究著作与语文学的关系的探讨当
是一个很有意义的学术课题。因我对这两个学术领域都相对陌生，故于此不
敢妄赞一辞，期待不久后的将来会有这方面的专家专门来做这样的研究。对
陈寅恪的学术和语文学的关系的总体评价，参见张谷铭《Philology 与史语所：
陈寅恪、傅斯年与中国的"东方学"》，《中研院史语所集刊》第 87 本第 2
分，2016 年，页 375—460。

视域之融合：陈寅恪唐史研究特点与贡献的再考察

陆　扬

　　现代史家中，陈寅恪是具有高度原创性的一位，这早已是国际学界的共识。他在唐史方面的工作更是他史学成就的核心，也是真正奠定他作为 20 世纪伟大史家声誉的基础。他在唐史方面的论断仍广泛为史学界所征引。这种征引有出于对陈氏学术的仰慕或服膺，但也有出于学术上的便利甚至懒惰。但否定他在唐史方面总体或具体论断的学人恐怕也不在少数。自从四十年代初陈寅恪发表了他在唐史方面最为重要的两部著作以来，具体的探讨和评估从未间断。对于他在唐史方面具体而微的得失，学界已有很多讨论，但对于他为何在学术生涯的鼎盛时期，将精力更多地投入唐史研究之中，他这方面的贡献在现代史学方法上又居于何种位置，却仍然缺乏理论层面的讨论。尤其是对于他的史学中基本的思想框架和前提预设，学界的探讨仍不够深入。唐史甚至中古史领域的研究者往往容易陷入他的具体论说之中，忽略了对史学论断背后思维框架的反省，而中古领域以外的学者在评论陈氏的贡献时又往往不善于结合中古史的研究脉络，于是造成这两个群体在谈及陈寅恪时虽各有洞见，却也存在各自的盲区。笔者认为，这类盲区很大程度上影响了我们对陈寅恪史学研究特质的把握，也间接影响到唐史研究方法的开拓。这篇小文便是试图对这一缺陷作些弥补。笔者想要回答以下三个问题：第一，陈寅恪为何选择唐史作为他史学工作的核心；第二，他在唐史研究方面的学术思想资源来自哪些方面，这些资源又如何影响了他对唐代的整体看法；第三，陈寅恪对唐史脉络提出的史学框架在现代史学上的意义为何，如果将他的工作放置于 20 世纪前期的国际史学中，会处于何种位置。需要说明的是，文章的目标并非对以上这些问题提出系统的看法，而是希望从一些不常受到学界注意的视角入手，对陈寅恪的史学遗产作出一些新的评估，由此促动新的讨论。

一 作为史家的陈寅恪

在具体讨论陈氏的唐史研究的史学构架之前，我们首先需对作为史家的陈寅恪作一些概括性的说明，也就是陈寅恪在近代中国史坛上的独特性在哪里，其史家之养成过程又受到哪些思想和学术资源的影响。王永兴在总结陈氏的学术特色时，举出重要的两点，一是用"宋贤长篇考异之法"，二是"神游冥想真了解之法"。① 第二点或许相当于今日史学上所谓的历史想象力，或者类似于陈氏自己主张的对古人的"了解之同情"。这种描述其实并不能精确捕捉陈氏"神游冥想"的微妙意蕴。现代史学诞生的一个重要标志，用米歇尔·德塞图（Michel de Certeau）的话说就是"始自于过去和现在的分离"：

　　历史编纂学（historiography）假定在它寻求表述的沉默而不透明的"现实"和这一现实产生其自身言语的地方间存在一个断隙，这一断隙是由历史编纂学和它的对象之间的距离来维护的。史学研究主体只有以沉默的方式才得以进入历史叙述，或者只有通过历史文献作为媒介，而这一媒介像是史家在被冲刷过的沙滩上看到的过去的印迹，还有通过那来自远方的窃窃之语，使人感受到那充满诱惑

---

① 王永兴《陈寅恪先生史学述略稿》，北京大学出版社，1998 年，页 67—141。

又让人惊吓的未知巨体。①

也就是说，史学研究对象成了一种纯粹的客体，研究者清醒地在自身和他的研究对象之间保持距离，后者犹如陈列在手术台上的尸体，等待着史家来剖解。在这一点上，近代西方史学的奠基者如兰克（Leopold von Ranke）和布克哈特（Jacob Burckhardt）等人都是典型。这就使他们迥然不同于传统的史家。传统史家的杰出代表如司马光，固然也能在史学工作（比如《资治通鉴考异》）中呈现某种客观性和逻辑性，但他绝不怀疑他所处时代与过往的历史在本质上没有区别，更无法分割，他对过去的认知带有价值判断是天经地义的，而且相信带有价值判断的叙述将会影响到他正在经历的时代的治乱兴衰。在传统史家眼中，历史似一条漫长的河流，无法加以切断，史家对过去发生的重大事件的叙述和评价，犹如上游的开闸关闸，会影响到中下游水流的大小、河道的壅塞与畅通。司马光或任何传统史家的工作，既是通过编纂和叙述保存和了解历史，同时又在介入和引导当下。他们处于一个绵延不绝的历史

---

① Michel de Certeau, *The Writing of History*, Translated by Tom Conley, N. Y.: Columbia University Press, 1988, pp. 2-3.

时刻之中，这个时刻可以从尧舜禅让开始，也可以从周威烈王二十三年三家分晋开始。陈寅恪显然从属于兰克而非司马光那个群体。

19世纪中期以来的西方史学革命，最终在20世纪前期影响了中国。用王汎森的话来说，20世纪二三十年代发生的民国新史学强调的价值与事实分离，或者所谓"历史化"取向已在史学界日渐明显。① 陈寅恪无疑深受这一潮流的熏习，只是笔者认为不能完全用一般意义上的"历史化"来概括他的史学。因为他的历史意识既具有高度现代性，同时又保存了某些传统史学的观照，只是这种观照不再是出于道德或政治的考量，而是历史的考量。他面对历史现象和古代人物时表现出来的出奇的冷静和客观，他笔下那种很少为个人情感立场所左右的分析，都说明他实质上更合于现代西方史学的禀性。陈寅恪最为人称道的"独立之精神、自由之思想"，本质上就是西方式的以史学为志业的展现。他常给人一种坚持文化保守主义立场的感觉，似乎与他在学术上的超然态度显得有些格格不入，其实恰恰是"独立之精神、自由之思想"的典型表现，也就是一种

① 参见王汎森《价值与事实的分离？——民国的新史学及其批评者》，收入氏著《中国近代思想与学术的系谱》，台北，联经出版公司，2003年，页377—462。

不为主流观念的宰制所左右的精神。陈寅恪在纪念被人视为殉清的王国维时提出这一理念，目的是将王国维具体的政治立场加以抽象化，拒绝使其沦为世俗意识的牺牲品，王国维的自沉不再是传统道德意义上的狭隘的忠节行为，而是抗拒以趋新为正确的独立意志的象征。五十年代陈寅恪针对这一理念再次作出阐释，维护学术独立的立场更鲜明而具现实意义。这与西方中古史大家恩斯特·康托洛维茨（Ernst Kantorowicz）对学术独立和自由立场的坚持有着惊人的相似。① 认为陈寅恪有遗民心态或士大夫情结恐怕同样失之于表面，甚至会造成对他的误解，他并无一种以传统士大夫自命的群体人格立场，他的立场更接近于西方近代以来的高度个人主义，史学成为一种精神的寄托。

同样地，陈寅恪在学术分析上的超然和他将古今联系起来的那种历史敏感度（historical sensitivity），形成了醒目的对照。这种敏感度更多具有一种在现代精神影响下产生的个人经验，而不是中国传统中的朝代观或古今观。这种经验和陈氏个人所

---

① 关于恩斯特·康托洛维茨这方面的事迹，尤其是他 1950 年在拒绝加州大学要求的反共宣誓时的宣言，可参看 Robert E. Lerner, *Ernst Kantorowicz: A Life*, Princeton, NJ: Princeton University Press, 2017, pp. 307--322。

持的道德文化立场可以说是分离的，他对处于历史困境中的人物的了解之同情，主要基于史学考察。比如在《高鸿中明清和议条陈残本跋》中，陈氏以崇祯朝朝廷举措的失当导致最终覆灭为例来影射国民政府"九·一八"事件之后的内外政策。①这其实和他的政治立场几乎无关，而是在严谨的学理基础上产生的历史观照。三十年代前期，陈寅恪曾主张对日媾和以保存实力，也是在这种敏感度基础上的主张，这一主张并不妨碍他所坚持的民族大义立场。又如1937年发表的《论李怀光之叛》、1951年发表的《论唐高祖称臣于突厥事》，显然针对当时的具体事件。他的一些论文有感时而作的因素，但其论点和方法无不在其整体史学构架之中。《论唐高祖称臣于突厥事》的论点和《唐代政治史述论稿》中相关论述思路一致，而且前者明显是用来补充后者提出而未展开的分析。②用古事来解析今事，两相融合对照，几乎成为他某种收放自如的学术表达。他在

---

① 陈寅恪《金明馆丛稿二编》，北京，生活·读书·新知三联书店，2001年，页143—146。此文之现实相关性已由汪荣祖指出，见氏著《史家陈寅恪传》，北京大学出版社，2005年，页65注2。

② 《唐代政治史述论稿》中提到唐高祖称臣于突厥一事在温大雅《大唐创业起居注》中被故意隐去（见《述论稿》下篇，页323），而《论唐高祖称臣于突厥事》正是围绕《大唐创业起居注》相关部分的分析而展开，显然后者是对前者必要的深化。

诗歌中也沿用这种极具涵摄力的表达，造成文义与现实之间的层累和折射。陈寅恪三十年代以后发表的史学论文，时常有现实的针对性，看起来并非单纯的学术研究，似乎带有影射史学的成分。但笔者认为这并非一般意义上的托古喻今，而是出自一种高度自觉的历史意识。陈氏一方面对历史持以超然态度，一方面又把自己视作能时刻经验到历史巨变的史家，现实中的事件会引起他即刻的共鸣，使他的史学具有强烈的介入感，这种介入感或通过学术论著，或通过诗作来表达，后者显现出来的强烈忧郁感和学术论著中的超然反差明显。

陈寅恪通常并不信从历史资料提供的表面说辞，而总是努力去找寻史料表面之下在他看来更为真实的意图和缘由。他对历史其实有一种强烈的超然和反讽（irony），这种反讽史学也是西方现代史学的重要特质。海登·怀特（Hayden White）在《元史学》中言道：

> 历史学家的反讽来自于他的不信任感，此种不信任感要求他对历史文献作批判性的考察。在他的工作的某一刻他必须反讽式地对待历史记录，必须假定这些文献的实际意味不是它们面上所说的意思，或者它们所说的不是它们

真要表达的意思，而他可以将表面话语和实际意味作出区分，否则的话他撰写历史也就毫无意义了。[1]

陈寅恪史学的特征和怀特的这段描述可谓若合符契。这种拷问史料的态度即便在 20 世纪中国一流史家中都甚为罕见，这恐怕也是他的许多论断能震动 20 世纪中国史界的重要原因。

陈寅恪说自己"思想囿于咸丰、同治之世，议论近乎湘乡、南皮之间"，[2] 从此种思想自剖可见，他有将一己之学放在某种思想史脉络之中加以自省的意识。他的思想框架早在成为国学研究院导师之前就已成熟。我们不妨举出 20 世纪上半叶西方研究古典时代的俄国史家罗斯托夫采夫（Michael Rostovtzeff）作为比较。在一篇充满睿智的评论中，当代罗马史名家鲍尔索克（Glen W. Bowersock）认为罗斯托夫采夫的历史认知已在三十岁前定型，此后只是不断精致化而已。罗斯托夫采夫在俄国革命前后的经验，深刻影响到他日后的

---

[1] Hayden White, *Metahistory: The Historical Imagination in Nineteenth-Century Europe*，Baltimore：The Johns Hopkins University Press，1973，p. 375.

[2] 陈寅恪《冯友兰中国哲学史下册审查报告》，《金明馆丛稿二编》，页285。

学术判断。① 在这一点上陈寅恪恐怕和罗斯托夫采夫相当类似。尽管陈氏晚年曾表示"余少喜临川新法之新，而老同涑水迂叟之迂"，② 很少迹象表明他的历史观有任何显著的改变。他在学术上非常早熟，步履领先于绝大部分同时期学者，后来尽管每一步学术转型看起来似乎都有外界环境的促成，内在却非常自然而且游刃有余。

从三十年代起，陈寅恪受中国史界推崇的一个重要原因，是他对史学材料的掌握无论深度还是广度都超出同时代其他学人。由于客观原因，不少重要的新资料他未能有利用的条件，比如藏于英法等国的大量敦煌文书，但这一时期的史学资料鲜有未进入他的视野之内的。早在三十年代，他就注重碑志的史料价值，在讨论玄武门之变时采用了藏于巴黎的敦煌写本《常何墓志》，在讨论李唐家族的出身时采用了河北隆平光业寺碑。他不只关注书写文献，还关注物质证据，很早

---

① G. W. Bowersock, "The Social and economic history of the Roman Empire" by Michael Ivanovitch Rostovtzeff, *Twentieth-Century Classics Revisited*, Vol. 103, No. 1, 1974, pp. 17 - 18.

② 陈寅恪《读吴其昌撰梁启超传书后》，《寒柳堂集》，北京，生活·读书·新知三联书店，2001年，页168。

便留意正仓院宝物的史料价值。① 在中古领域，这种广度恐怕只有内藤湖南这样极少数的学人可比。严格来说，陈寅恪不是一般意义上的文献学家，在更多强调文献学意义的今日中国史学界，有些研究者会认为陈的立论不够谨慎，想象过于大胆，而更注重文献考据的学者如岑仲勉，会在论据的确凿程度上胜出一筹。这样的看法自然不难找到依据，但也往往忽视了另一个重要方面，即陈寅恪对于史学文献的复杂性的认识远远超出同时代人。他对描述中古制度的典章材料明确作了规定性（prescriptive）和描述性（descriptive）之区分。② 他也十分注意史料所谓真伪的辩证关系，强调即便是伪造的文献中也有真史料。③ 他更善于找寻史撰中存在的叙述断隙，从而打开通向历史真实图景的曲径。

1932年秋，陈寅恪在"晋南北朝隋唐文化史"开课之初，强调在研究这一时期的民族精神文化与社会环境之互动时，

---

① 参见石泉、李涵《听寅恪师唐史课笔记一则》，北京大学中国中古史研究中心编《纪念陈寅恪先生诞辰百年学术论文集》，北京大学出版社，1989年，页33。

② 参见蒋天枢《陈寅恪先生编年事辑》（增订本），上海古籍出版社，1997年，页97。

③ 参见陈寅恪《梁译大乘起信论伪智恺序中之真史料》，《金明馆丛稿二编》，页147。

只讲条件，不轻言因果。① 笔者认为，陈寅恪经常提到的"环境之薰习"、"文化染习"应是这种认知的具体表述。借自唯识的名词"薰习"是陈寅恪史学中一个极为关键的概念，在他的论文中频频出现。"薰习"本指储存于阿赖耶识中的前世的种子和习气，能产生一切有为法（即现象）之能力。陈寅恪用此来描述深受某种文化环境或传统感染而导致的潜移默化的作用，使受到感染的人能在行动过程中化用这种文化传统的特性，产生出新的制度或文化产品。比如他在《四声三问》中提到东晋南朝建康的汉僧并不是直接照搬胡人转读（chanting）梵文佛经的方式，而是在转读汉文佛经时创造性地借鉴了那种方法：

> 建康之胡人依其本来娴习之声调，以转读佛经，则建康土著之僧徒受此特殊环境之薰习，其天赋优厚者往往成为善声沙门，实与今日中国都邑及商港居民善讴基督教祀天赞主之歌颂者，理无二致。②

在讨论北魏洛阳城的设计时，他指出主持设计的李冲"为河

---

① 卞僧慧《陈寅恪先生年谱长编》，北京，中华书局，2010年，页145。
② 陈寅恪《金明馆丛稿初编》，北京，生活·读书·新知三联书店，2001年，页372。

西家世遗传所薰习，无意之中受凉州都会姑臧名城之影响，遂致北魏洛都一反汉制之因袭，而开隋代之规模欤?"① 陈氏提出的"薰习"这一观念，实际已接近于艺术史家潘诺夫斯基用 *intuitus* 来分析欧洲中世纪哥特式教堂的设计和基督教经院哲学之间的关联，或者但丁的诗作《新生》(*La Vita Nuova*) 和经院哲学之间的联系，也接近于社会学家布迪厄 (Pierre Bourdieu) 受潘诺夫斯基的 *intuitus* 启发而提出的重要观念"惯习"(*habitus*)。②

通过"薰习"这类表述，陈寅恪倡导一种能摆脱机械历史因果论以及传统考据式的新史学方法，从而极大地拓展了史家的视野和对古代文献的史学利用空间，使许多表面没有直接联系的现象和记录都被置于史学的聚光灯下，从而呈现出新的历史关联。这也使他能大量运用间接证据 (circumstantial evidence) 来分析历史书写中提到的孤立事件或行为背后的历史

① 陈寅恪《隋唐制度渊源略论稿》，北京，商务印书馆，2011年，页 78。

② 布迪厄的这一概念是受到艺术史家潘诺夫斯基有关欧洲中世纪哥特式教堂的研究的启发，见 *Architecture gothique et penséescolastique*，Traduction et postface de Pierre Bourdieu, Éditions de Minuit, 1967. 有意思的是，在熊十力的《新唯识论》里，他正是用"惯习"来解释"薰习"这个观念中的"习"，即"余势不断绝者也"，见《新唯识论》（语体文本），北京，中华书局，1985年，页 425。

潮流，从涓滴起步，将散落在史料中看似无关的信息变成线索，以惊人的想象力贯穿起来，最后构建出一个宏大的历史图景。对《桃花源记》的解读就是他在早期中古史研究中运用这种方法的著名例子。发表于1956年的《论李栖筠自赵徙卫事》，从史籍中对李栖筠家世背景寥寥数语的描述和李氏个人隐居行为和地点以及最终由科第而出仕这条路径的选择，推断出天宝时代河北的惊人变化。当然对这些研究中涉及的具体问题的认识和文献的解读，学界后来都有不同意见，但这种思考方式却颠覆了古代中国的历史书写天生就具有的内在限制，从而成为中古史研究中克服史料碎片化的重要手段。今天不少重要的中古史论著中常可以见到陈寅恪这种方法的应用，有些更是直接的模仿，比如唐长孺的《〈晋书·赵至传〉中所见的曹魏士家制度》就是佳例。

二 唐史研究的转向

1931年发表在《历史语言研究所集刊》上的《李唐氏族之推测》，可以说是陈寅恪第一篇严格意义上的唐史论文，标志着他在唐史领域展开全面研究的开端。他在此后的十年间发表了十数篇富有开拓性的唐史论文，到1940、1941年战火绵延中相继完成《隋唐制度渊源略论稿》和《唐代政治史述论稿》时，他的唐史论说构架已大功告成。此后虽仍不断有重要作品问世，但基本未超出这两稿的框架。至迟到四十年代后期，陈氏的唐史贡献已获得中外学界广泛的认可。重要标志之一是在1936年12月日本《东洋史研究》第2卷2号，小野川秀美将陈寅恪列入"现代支那名家著作目录"，并将陈氏已发表的三十五篇文章列出，其中已包括多篇重要的南北朝史和唐史论文。小野川还特别强调陈氏的年龄是四十四岁。① 重要标志之二是顾颉刚在1947年出版的《中国当代史学》，指出陈寅恪在魏晋南北朝史和隋唐五代史两个领域做出的贡献均为最大。他提到魏晋南北朝史处于"荆榛满目"的状态，端赖陈氏的精湛研究才呈现出面目。1947年8月13日，上海《大公报》刊登了一篇书评，不仅同意该书对陈寅恪贡献的评价，更指出：

---

① 如王震邦所言，《东洋史研究》从第2卷1号起连续刊载了五位中国当代史家的著述目录，其中陈寅恪的资历最浅，但却位列第二，仅次于陈垣。参见氏著《独立与自由：陈寅恪论学》，上海人民出版社，2011年，页63注1。不过，日本东洋史界看重的中国史家并不止于这五位，1937年2月《东洋史研究》第2卷3号就刊载了佐伯富整理的《陶希圣著作目录附略传》。虽然当时编辑这些著作目录的小野川秀美、佐伯富等尚是京都大学史学科学生，但这些人名的确定应该有日本东洋史界的权威认定。

> 晋唐之史，荆榛未辟，陈先生创见甚多，后二书（指
> 《隋唐制度》和《唐代政治》）尤为伟制。

可见书评比该书更强调陈寅恪在唐史方面的开拓之功。[①] 毫无疑问，至四十年代后期，陈寅恪作为中古史大家的地位已牢固确立。

陈氏的这一史学转向是如何产生的？最明确的发轫应是从1929 至 1930 年间开始。在陈寅恪生涯中，1929 是至关重要的年份。此前，他的学术工作是以历史语言文献学为基础的东方学和印度中亚佛教在中土的接受演变史为主，此后这方面的工作并没有完全终止，但已渐成绝响。他的精力开始全面投入严格意义上的史学研究，尽管在诸多层面仍可以看到前后的学术关注点和取径之间，存在千丝万缕的关联和清晰的过渡。我们须从多个方面着眼来探寻转向的缘由。就个人生活而言，1929 年的陈寅恪是安定而愉快的，新婚不久的他，"形态丰采，焕然改观"，并私下表示要"专心著述"。[②] 但两个外缘因素应该

---

① 参见《顾颉刚日记》第六卷，台北，联经出版公司，2007 年，页 120。

② 《吴宓日记》1928 年 10 月 2 日，北京，生活·读书·新知三联书店，1998 年，第 4 册，页 138，139。

给了他的这种愿望重要的驱动力，即清华学堂变为美式综合教学研究型的清华大学和史语所的建立。前者导致清华国学研究院的终结和以新型西方学科分类为标准的人文科系的建立，陈寅恪也随之成为历史、中文两系的合聘教授。当今学界和社会对陈寅恪学术神话的想象往往也定格于他在国学研究院的岁月，实际假若没有二十年代末清华大学新学术体制的建立，则未必会有我们今天所了解的陈寅恪。1929 年之后的变化在造就作为史家的陈寅恪上的作用，恐怕远大过国学院。

清华大学人文科系建立时，以西方的学科概念为基础，这或许对于强调打通文史的中国古典之学会造成某些遮蔽和割裂，但各系的建立带来的不仅是教育体制的变化，也是学术理念的变化，也就是遵循一种以问题和方法为导向的教学研究模式的确立。这种模式对长期留学欧美的陈寅恪而言，固然不会陌生，但制度的力量在于能对其中之人产生潜移默化的型塑作用。1929 年，作为清华国学研究院硕果仅存的主要导师，陈寅恪有义务也有压力成为新的学术带头人。值得注意的是当时清华历史系的负责人是深受美式学术训练的蒋廷黻，蒋廷黻鲜明的学术理念和近乎专断的行政风格使他成为类似于傅斯年一般的学术组织者。1931 年 6 月，蒋廷黻在介绍清华大学历史系概况时，明确指出研究中国的历史已成为一种国际的学术，而中国传统的史学研究虽在考据校勘方面可以与西洋史家比拟，但在史学方法的综合方面却"幼稚极了"。次年他撰文介绍清华历史研究所的研究重点时，特别指出晋至唐是其中国史研究的两大重点之一，而且"清华幸而有一位中外公认为第一等学者在此担任讲席"。[①] 虽然没提具体名字，无疑是指陈寅恪。这篇报告发表时陈寅恪在中古史方面的诸多傲人撰作尚未问世，可以想见的是，面对如此学术安排与期望，有绝大抱负的陈寅恪应会顺势而动。他对中古很多历史问题的观点固然早在此前已开始酝酿，环境却能促使他往更为系统的方向努力。从 1929 年开始，陈寅恪的研究专题可以说都和他讲授的课程有密切的关联，且课程本身也如蒋廷黻要求的那样，越来越趋向综合性分析。除了历史系，我们也不应忽视任教中文系对陈氏研究的影响。他在中文系的课程偏重中古文学和文人经历的介绍，这使他的中古史研究具有鲜明的文人视角，和通过解读中古正史和典章等官方资料获得的视角形成互补，给予他的历史分析以感性的一面。

1928 年底成立的中央研究院历史语言研究所是导致陈氏史

[①] 参见蒋廷黻《历史学系的概况》，清华大学历史系编《文献与记忆中的清华历史系（1926—1952）》，北京，清华大学出版社，2016 年，页 10—11，12—14。

学转向的另一个重要因素。1930 年 6 月，陈寅恪兼任史语所第一组即历史组组长，这一身份使他必须担负起一些重要的史学项目的指导工作。比如 1930 年历史组工作就包括编定《金石书目录》《敦煌劫余录》等目录、整理明清内阁大库档案等，同时历史组成员也须随各自兴趣而确定研究课题。① 该年陈寅恪发表的八篇论文中，有六篇刊载于《历史语言研究所集刊》。自此之后，这一刊物成为陈寅恪发表其中古史研究最为重要的阵地。

当然学术环境变化的因素只能解释为何陈寅恪必须致力于历史研究，却不足以充分说明他为何选择中古史尤其是唐史，作为学术上安身立命之领域。余英时先生对于这个问题已提供了富启示性的论说，他指出陈寅恪史学工作可分作三个阶段，包括唐史在内的"中古已降民族文化之史"属第二阶段，这一阶段和以"塞外之史、殊族之文"为重点的第一阶段的最大区别在于，其创获由点而线，由线而面，形成一个有系统的整体。② 在接受这一分析的基础上，笔者想作进一步说明。1929年 5 月，陈寅恪赠诗北大学院己巳级史学系毕业生，"群趋东邻受国史，神州士夫羞欲死"一联便出于其中。该年 1 月，新

---

① 参见卞僧慧《陈寅恪先生年谱长编》卷四，页 131。

② 参见余英时《试述陈寅恪的史学三变》，氏著《陈寅恪晚年诗文释证》，台北，东大图书股份有限公司，1998 年，页 331—377。

史学的开山者梁启超去世，此时的陈寅恪，虽尚未开始转型后的清华大学的执教生涯，但在意识上已明显转向史学的考察。值得注意的是，他的这种危机感并非针对他接受训练的西方东方学界，而是针对日本的东洋史界，说明他对日本中国史研究的突破性进展有敏锐的认知。自19世纪末开始，中国新的史学类著作中不少深受日本影响，比如影响巨大的夏曾佑的《中国古代史》在结构上即深受那珂通世《支那通史》的影响，书中有关三国与两晋疆域沿革部分也是抄录重野安绎《支那疆域沿革图》。[①]文化史的代表柳诒徵的《历代史略》也是据那珂通世的《支那通史》改写。在1930年11月19日的日记中，顾颉刚记道：

> 予作《太一考》，自谓创见，今日润孙持大正十四年出版之《白鸟博士还历纪念东洋史论丛》来，其中有津田左右吉之《太一》一文，则固余之所欲言者也。虽材料不及余所集之多，而早余五年发现此题，殊为可畏。[②]

受近代化影响，日本学者在新材料与新问题的拓展方面，很多

---

① 参见周予同《五十年来中国之新史学》，桑兵、张凯、於梅舫编《近代中国学术思想》，北京，中华书局，2008年，页356—357。
② 《顾颉刚日记》第二卷，页461。

地方早于中国学者，且对中国一流学者的成果了如指掌。纵观陈寅恪的唐史研究，他对日本学者的相关著述甚为留意，也多加采纳和回应，远较同时期其他中国学者为多。① 倘若结合史语所成立和陈寅恪承担的学术指导工作，那么陈氏的此种寄语不妨视作他的史学转向内在驱动力的宣示。

其次，陈寅恪选择唐史并非纯粹超然，而是在此前提到的那种历史敏感度之下，他很早就认识到清代与唐代的诸多相似性，尤其是晚清和晚唐之间，这可以说是一种视域的融合。两个时代都存在种族、胡汉、党争、边疆和外来威胁等问题。在其著名的《王观堂先生挽词并序》中，陈寅恪大量引用唐代故实，其中"依稀廿载忆光宣，犹是开元全盛年"之句，常令当代论者感到不解，认为光宣时代岂能与开元天宝的盛世相比。其实陈氏此处所言，并非史实意义上的开元盛世，而是晚唐的相对承平时代。笔者曾指出恰恰在晚唐清流文化宰制的时代，出现了不少追忆开元天宝时代的笔记，其目的就包含对晚唐承平时代的形象建构。假如我们结合陈氏的另一首诗作来看，对此种联系会有更清晰的了解。同样是在 1929 年，陈寅恪读到文

---

① 比如《武曌与佛教》提到矢吹庆辉的三阶教研究，《隋唐制度渊源略论稿》中更是多次提及日本学者的研究。

廷式《读〈韦端己集〉》后，题诗一首：

> 无端端己费题笺，此意追思一泫然。隔世相怜弥怅
> 惘，平生多恨自缠绵。金轮武曌时还异，石窟文成梦已
> 仙。莫写浣花秦妇障，广明离乱更年年。①

关于此诗的本末和意蕴，学界已有论说。胡文辉指出："陈氏
此处实际上将文氏所咏的对象与文氏本人的心事打成一片，表
面上是写晚唐事，实质上是写晚清事。"② 这固然不错，惟稍嫌
笼统。学界的争论焦点在于：陈诗中显然将武曌比附慈禧，但
武则天时代是唐代盛世，若以慈禧统治时代相配，似乎比拟不
伦。就目前笔者所见，坊间对此问题的解说均未达一间，原因
即在于对韦庄这样的晚唐文士眼中的晚唐时代比较隔膜。如果
我们联系《挽词》中唐代故实的使用，就能领悟到陈寅恪此处的
表达，恰恰基于他对唐代历史变化的敏感。翻览韦庄诗作，我们
会发现韦庄对唐代从大中、咸通的承平到乾符的大乱的急转直下

---

① 《题萍乡文芸阁丈廷式云起轩诗集中咸通七律后》，《诗集》，北京，
生活·读书·新知三联书店，2001 年，页 19。

② 关于此诗的背景，参见胡文辉《陈寅恪诗笺释》（增订本），广州，
广东人民出版社，2013 年，页 114。

的变局有生动的描述，其中最著名的一首即为七律《咸通》：

> 咸通时代物情奢，欢杀金张许史家。破产竞留天上乐，铸山争买洞中花。诸郎宴罢银灯合，仙子游回璧月斜。人意似知今日事，急催弦管送年华。

陈寅恪独具只眼，领悟到正是韦庄的这首诗引发了文廷式的感慨。对文廷式而言，韦庄的那种由承平而入离乱的经验和他对晚清从同光承平到光绪后期危机的经验吻合，而这也是引起陈氏共鸣的经验。[①] 这一特定的相似性很可能是引发陈寅恪致力于唐代盛衰研究的深层原因之一。这一问题看似琐细，实际对理解陈寅恪唐史观的构成是很有帮助的，对此下文再进一步展开。

须注意的是，陈寅恪的唐史研究与魏晋南北朝史研究不能分割，着力于这两个领域使他具有超越同时代很多中外学者的长时段的眼光。这体现在他对隋唐国家体制形成的看法上，也使在观察唐代前期的体制形成脉络时能避免某些后见之明。

---

① 吴宓在 1927 年 5 月 13 日的日记里也突然提到韦庄这首诗，而前一日王国维和陈寅恪到他家小坐。见《吴宓日记》，第 3 册，页 338。笔者推测很有可能言谈中陈或王提到此诗，并联系时局。当时陈王等都担心北伐军进京会对清华不利。

同时还需要强调的是，即便陈寅恪的唐代研究已经对中外学术界有长达七十年的影响，其具体的观点或整体的框架被无数研究所引用，我们仍不能说他在这方面的遗产获得了充分的理解和评估，也不能认为在他涉及的那些唐史重大问题上，他现存的著作一定包含了充分体现他最为成熟的分析。他针对这些问题很可能有更为细腻和丰富的思考，却因种种原因未能形诸文字。笔者的这一强调并非出于对陈氏学术的盲目推崇，而是基于两个事实：一是时代的遭际，使陈氏的学术工作被无情打断，积累的研究资料和心得也因战乱而不断散失；二是从现存的陈寅恪的讲义和笔记，我们可以推断出他有些细微的观察和推论，其实未能在他发表的著述中展开。即便对于陈氏这样的天才型学者，学术撰作本身仍需长时间酝酿，而陈氏最重要的两部唐史著作都是在特殊情势下完成，不乏匆促的痕迹。而且他在具体史料上通过敏锐观察和细腻解读所获的心得未必都能和他确立的宏大框架契合无间，以至于他阐述这些框架时有意无意地作了许多论据上的选择。① 这往往是开拓型史家常有的特

---

① 岑仲勉就批评陈寅恪执着于其"系统论"，以至于不得不忽略重要的历史证据，见氏著《隋唐史》下册，北京，中华书局，1982 年，页 387。虽然就具体的观点而言，岑仲勉通过举证作出的反驳未必能推翻陈寅恪的论说，但岑氏提供的这一判断本身是值得重视的。

点。这第二点尤其重要，它能使我们意识到陈寅恪的史学本身是一个矛盾共同体。

三　两"论稿"与 20 世纪世界唐史学

《隋唐制度渊源略论稿》（以下简称《略论稿》）和《唐代政治史述论稿》（以下简称《述论稿》）是陈寅恪最重要的两部唐史论著，其中的具体论点学界讨论已有很多，这里只针对以往较少注意的层面略作阐发。这两部著作，表面看似乎是陈寅恪唐代政治和制度概观的一体之两面，前者涵盖隋唐国家的制度的结构及其来源，后者关注唐代政治进程之脉络及其统治集团之构成纠葛。但在笔者看来，这两部著作的视角和取径并不完全相同，甚至可以说，这些不同的视角和取径来自不同的史学立场，相互之间存在着某种断裂。《略论稿》从南北朝绵延不绝的汉魏传统的展开来揭示隋唐国家支配体制的构成，眼光冷静，然而到了《述论稿》，《略论稿》中的视角虽仍延续，却在讨论唐代中期以后的政治变化时，切换成了受宋代史观影响的视角，且将陈氏自身经验中的晚清政治投射到唐后期政治的分析中，从而呈现强烈的主观性。五十年代初，陈寅恪发表了著名的《论韩愈》，其中提到"唐代之史可分前后两期，前期结束南北朝相承之旧局面，后期开启赵宋以降之新局面，关于政治社会经济者如此，关于文化学术者亦莫不如此"。① 这一表述中的两种视角，恰好分别适用于两稿。

就影响而论，两稿中《述论稿》的论说更广为人知，至少对今天中国学术界的唐史研究是如此，其将复杂多元的政治文化简化为长时段的政治集团之对立，易于让人把握，从而使大家对"关陇集团"、"关中本位政策"、"胡化"等概念耳熟能详。但笔者认为《略论稿》的学术观点更具有原创性，也更经受得住时间的考验，堪称近代史学之空前杰作。《略论稿》讨论的是隋唐国家支配体制的形成，但着眼点却首先放在了礼仪这一在 20 世纪三四十年代趋新的中国史界已属于"陈旧"的层面上，而且这部分篇幅占了全著的一半。在该著绪论部分，陈氏提示性指出他仿照的是鸠摩罗什译《大智度论》之体例，即罗什将《大智度论》中解释《大品经·初品》的部分全部译出，其他部分则从略。② 陈氏的意思就是《略论稿》中"礼仪"

① 陈寅恪的这一看法毫无疑问是以天宝为界限。早在四十年代，他在讲课中就特别提醒学生一定要切记天宝以前和天宝以后大不相同，且变动极剧。见石泉、李涵《听寅恪师唐史课笔记一则》，《纪念陈寅恪先生诞辰百年学术论文集》，页 34。

② 陈寅恪提示这一著述体例可从僧祐《出三藏记集》卷十所载《大智论记》加以了解。

部分之关键地位，一如《大智度论》中解释初品的部分，故而力求详尽。在"礼仪"部分的开头，他委婉地否定了《新唐书·礼乐志》和欧阳修等宋儒视礼仪制度在唐为纸上之空文的观点。陈寅恪不仅将隋唐礼制视为统摄国家律令体制的精神核心，而且认为这一核心建立在经过三个不同的渠道传承下来的汉魏传统的基础之上，而非一般认为的来自于"以周官古礼饰胡俗之宇文周"。《略论稿》一个卓越的贡献，也是迥然不同于当时中外史学界眼光之处，是将北齐置于承先启后的关键位置，汉魏礼制传统经三种不同的渠道在北齐形成结集。今日由于大量考古发现和史学视野的拓展，学界对北齐文化的多元和丰富有了相当深入的了解。陈寅恪强调北齐经学和文学之深厚以及与河北世家大族之关系，这一点新出墓志提供了更多的证据。[1] 但在陈寅恪的时代，北齐在中古史的大叙事中几乎没有存在感，留给人们的印象恐怕也是胡化导致的宫闱之乱。[2] 陈氏将北齐从传统的史观中拯救出来，赋予其特殊的地位，这一创见在方法上可谓反直觉（counter-intuitive）的，需要极强的

---

[1] 比如《徐之范墓志》、《李敬族墓志》等，参见罗新、叶炜《新出魏晋南北朝墓志疏证》（修订本），北京，中华书局，2016年，页335—341，352—355。

[2] 比如赵翼《廿二史札记》中花了相当篇幅谈"北齐宫闱之丑"。参见王树民《廿二史札记校证》卷一五，北京，中华书局，1984年，页321—323。

洞察力。陈寅恪的这部论著发表时，唯独钱穆对北齐的重要性有类似的见解。① 或许因为陈氏的这一概观（perspective）与常规之见是如此相违，以至于在此后很长时间内并未得到中国学界的重视甚至理解。在 20 世纪五十年代以后出版的一些有代表性的魏晋南北朝通史类著作中，北齐仍不占有任何关键性位置。② 但知音并非不存在，宫崎市定和黄永年属于能充分认识到陈寅恪的这一贡献的极少数学人。宫崎明确说《略论稿》是"一本论述隋唐制度多起源于北齐的好书"。③ 陈氏的这一判断对他的《九品官人法研究》是有清晰影响的。尽管黄永年在中古史一些重要问题上经常修正陈氏的观点，却给予陈寅恪的北齐观高度评价，并沿此路径继续研究。④

———————————

① 参见钱穆《国史大纲》，台湾，商务印书馆，1974 年，页 215—219。《国史大纲》首次发表于 1939 年，与《略论稿》的撰写几乎同时。钱穆认识到北齐的意义的一个重要原因恐怕是他对儒学传统的关注。同时他与陈寅恪处于同一学术圈，与陈之间有交互影响也不无可能，这一点呈余英时先生赐教。

② 比如王仲荦完成于 1979 年的《魏晋南北朝史》，涉及北齐的部分只简要分析了北齐的建立、均田制在北齐地区的推行及其破坏和北齐政权的腐败。唐长孺《魏晋南北朝隋唐史三论》中，也基本未谈北齐制度对隋唐的影响。

③ 宫崎市定著，韩昇、刘建英译《九品官人法研究》，北京，中华书局，2008 年，页 307 注 1。

④ 参见黄永年《我和唐史以及齐周隋史》和《论北齐的文化》，氏著《文史探微》，北京，中华书局，2000 年，页 11—12，30—31。

陈寅恪深慨于东邻中国史研究之先进，《略论稿》可以说最能体现他在唐史这一领域里超越日本当时一流东洋史家的用心。稿中讨论都城布局和兵制时，陈寅恪选择的对手方分别是日本的那波利贞和冈崎文夫。此著虽草成于日军肆虐中华之际，文中却能心平气和地引用这些学人的观点并加以评析，体现了陈氏惯有的冷静和自信。但此种史学上的冷静不等于《略论稿》就是单纯的学术工作。在国家危难之际，陈氏拈出汉魏礼制传统作为强大的隋唐政治文化之渊源，其实有深意存焉。他举出的汉魏礼乐传承的三个渠道中最令人动容的，是从史料中辨析出汉晋大乱之后保存于河西一隅之华夏衣冠文化，辗转而最终进入北齐的系统。陈氏向来以关注胡化著称，而北齐又是胡化甚深之政权，《略论稿》却强调汉魏形成的礼制框架才是中华帝国的基础所在，而胡化甚深之北齐竟是传递这一制度框架的枢纽。《略论稿》显然暗示只要这一核心得到继承，则中华必不至于消亡。因此《略论稿》实际也是陈寅恪对他面临的历史困境的史学回应。笔者的这一看法可以从日本学者佐川英治近年有关中古都城建制的重要研究中获得进一步支持。陈寅恪在《略论稿》"礼仪"部分所附的都城建筑部分，是对于隋大兴城（即唐长安城）城市布局模式来源的讨论。陈氏的讨论从反驳那波利贞的观点入手。那波利贞的研究认为，汉都长安是按照《周礼·考工记》的宫城"面朝背市"之理念构筑而成，隋代大兴城的布局却截然不同，这应该是受到鲜卑胡化影响，背离了华夏传统的宫城居中的做法，采用了宫城皇城居北、市场居南的布局。那波进一步认为，这一布局与"商业合理主义"有关，而且来源于"自由的鲜卑族想法"。[①] 陈寅恪则认为隋代大兴城格局承袭北魏洛阳城到北齐邺都而来，且北魏洛阳城的布局理念非如那波所言是鲜卑化的结果，而是受到来自河西凉州都城的影响。凉州文化虽与原先汉长安城不同，却仍是汉化模式。陈氏不否认北魏洛阳城的设计有商业考量，但这一考量与其说是鲜卑化的结果，不如说是来自有河西文化背景而又主持洛阳设计的士人李冲的构想更符合实际情况。这一模式先影响了平城，随后又在北魏洛阳得到延续。佐川指出，陈寅恪得出的汉魏制度通过"河西系"得到保存的观点，其实也是一种需要论证的假说，但这种假说的背后恐怕有特定的时代因素。陈寅恪刻意强调这一影响来自粟特系的"西胡"，而

[①] 那波利贞的论文刊载于《桑原博士还历纪念东洋史论丛》（东京，弘文堂，1931 年），据《年谱长编》所引陈智超《史学二陈笔谈遗墨》，陈寅恪在 1930 年 12 月至 1931 年 7 月之间向陈垣借阅此论文集，最初原因很可能是其中收入陈垣《大唐西域记撰人辩机》一文。见《陈寅恪先生年谱长编》卷四，页 133—134。也就是在撰写《略论稿》之前很多年，陈氏就已经了解了那波利贞的相关论点。

不是像那波利贞认为的那样来自"东胡"（鲜卑）。陈氏在抗战最艰难时的西南中国完成《略论稿》的撰写，佐川推测"东胡"在陈寅恪的特定语境里，有可能影射当时的日本；而对河西系汉人作如此高的评价，或许可以说是陈氏的自我期许。①

　　相较于《略论稿》，对《述论稿》学术贡献的评估更费斟酌。这部被杨联陞称为实际是三篇概论性文章的著作，② 既有极为宏大的视角和敏锐的长时段观察，又暴露出相当机械和粗糙的一面。由于篇幅限制，这里只能略作分析。整体而言，《述论稿》阐述了一个由不同种族与文化交融后产生的特殊统治集团，如何通过上层政治的手段来维持其统治地位，内部的斗争造成中央政治的变局和统治阶层构成的变化，从而最终造成这一统治集团自身的崩坏，代之而起的是所谓的新兴阶级。有以社会史研究著称的学者就指出，《述论稿》虽然以"政治史"为名，"实为半个世纪以来唐代（或中古）社会史研究的典范"。③ 这部著作提出的"关陇胡汉集团"至今仍是描述唐帝

---

　　① 参见佐川英治《中国古代都城の设计と思想—円丘祭祀の历史の展开》，东京，勉诚出版，2016 年，页 1—22。

　　② 见 1944 年 3 月 14 日杨联陞致胡适信，胡适纪念馆编《论学谈诗二十年：胡适杨联陞往来书札》，台北，联经出版公司，1998 年，页 33。

　　③ 参见杜正胜《中国社会史研究的探索》，氏著《古代社会与国家》，台北，允晨文化，1992 年，页 979。

国缔造精英（founding elite）最具解释力度的概念，虽然对其具体内涵，如今学界的看法已和陈氏不尽相同。陈氏由"关陇集团"引申出"关中本位政策"，并以此来解释终唐之世国家的种种策略及其面临的困境，仿佛宋史中的"祖宗之法"。这部论著能同时关照几条大的线索，比如南北朝以来族群的迁移与融合，内亚和中亚文化的渐次影响，隋唐等中华政权与亚洲其他政权的依存关系，华夏不同区域的社会传统及其精英的组成，交错而构成唐代统治的历史大叙事（grand narrative），这在 20 世纪前期中国史研究中堪称独步。稿中具体的卓识也不少见，特别是将高宗武后之世定为唐代根本变化出现的年代，也就是"关陇集团"崩坏的开始，这一时期的变化最终导向天宝的局面，其中出现一个关键的制度性因素是科举。[1] 但《述论稿》在史学方法上的问题同样很多，比如将某一群体和某种文化取向的联系加以本质化（essentialization）。为了论证此种本质化的情况在唐史上的作用，陈寅恪在史料证据上不得不做主观性选择，在论证过程中也时常出现时代错置（anachronism）。

---

① 对于唐前期统治集团的变化，陈寅恪针对《述论稿》的分析所做的重要补充是 1954 年发表的《记唐代之李武韦杨婚姻集团》（收入《金明馆丛稿初编》），他认为这是关陇集团出现变化后产生的一个特殊群体。

《述论稿》中最不具有说服力的部分，是对唐后期政治权力关系的分析，尤其对所谓"牛李党争"的辨析。其中原因很多，笔者只能另文讨论，简而言之，解读唐后期政治的关键，必须对两个最为重要的政治现象作出史学上的考察，这两个现象为：(1) 唐后期皇权的特征及其展现方式；(2) 藩镇的性质和权力结构，这两点恰恰是陈氏分析中完全缺乏的方面。同时陈寅恪过度强调将唐后期中央和藩镇的社会文化区别，将某一时期局部性现象推广至全体。陈寅恪也将晚清政治中清流浊流与战和之争的经验投射到中晚唐的政治分析之中。事实上并不存在单纯的所谓主战与主和派，更不存在作为某一种统治团体标志的主战或主和立场。晚清的清浊流与战和之争有一个华夷的背景，但在唐代士大夫统治阶层眼中，藩镇与朝廷的关系并非华夷关系。

今日对陈寅恪唐史乃至整个中古史研究贡献的评估，自不应限于中国学术史的范围，若将其放置于 20 世纪前半叶唐史研究潮流的背景下作比较性的考察，恐怕更能显现陈寅恪史学的相关性和特殊性。陈氏的学术生涯虽在巅峰期时面临战乱带来的严酷环境，然而常为今日研究者所忽略的是，三四十年代的中国学术界其实并不封闭，甚至可以说是处于一个准国际化时代。陈寅恪的幸运之处或许在于，他的成果早在日本全面侵华之前已引起国际学界的注意。二战结束后，他的成果更是在海外的中国史研究界产生持续性的影响，相对沉寂的反而是中国大陆史学界。比如现代西方唐史研究的两位奠基者，蒲立本（Edwin G. Pulleyblank）和杜希德（Denis C. Twitchett），都深受陈寅恪著作的影响。杜希德先生早年曾希望到岭南大学追随陈寅恪学习，因特殊时局而不得不作罢，转而赴日从学于仁井田陞。①

　　若从国际学术的角度评估陈寅恪的唐史研究，那么首先必须和同时期的日本相比照。从三十年代开始，日本的唐史研究也开启了全新的时代。在研究条件上比中国更胜一等的日本学者的目光也开始全面扫向唐代的各个领域。比如利用敦煌文献，那波利贞展开了对唐代庶民社会的经济文化的研究，仁井田陞则开启了唐代律令体制研究的新纪元。深受其师内藤湖南之影响，那波利贞的博士论文以开元末期和天宝时代作为中世终结的关键年份，而且之间有急速的变化，与陈寅恪的看法有惊人的相似，只是史学解释的框架和观察的

---

　　① 参阅笔者《西方唐史研究概观》，收入《清流文化与唐帝国》，北京大学出版社，2016年，页334—338；关于笔者导师杜希德先生曾希望能从陈寅恪先生学习的信息，则直接得自杜先生与笔者的谈话。

领域相当不同。① 此外还有加藤繁的经济史研究。这些都和陈氏的关注点不同。② 在民国时期唐史研究中，能在重要性上和陈寅恪的工作相匹敌的，则非"食货派"史学健将陶希圣和鞠清远的中古经济史研究莫属。两人在1936年出版的《唐代经济史》，虽是"史地小丛书"中的一种，却是唐代经济社会史的奠基著作之一，且很快受到日本学界的关注。三四十年代中日学界这一结合经济史和社会史的研究路径到六十年代以后便进一步在西方世界获得发扬光大。

日本学界涉及唐代的最为人所知的历史论断无疑是内藤湖南提出的唐宋变革论。③ 内藤湖南的这一概说其实主要是一种围绕国家政治和社会形态变化而展开的论述。虽然唐宋之际出现重大变化的看法并非内藤湖南所独有，他的论断的特色在于

———————————

① 那波利贞《唐の开元末天宝初期の交が时世の一变转期たるの考证》，收入氏著《唐代社会文化史研究》，东京，创文社，1974年，页3—195。他和陈寅恪的比较，这里限于篇幅，无法展开。

② 对于仁井田陞的史学工作，陈寅恪是有一定了解的，见《略论稿》"财政"章附记。

③ 关于内藤湖南的唐宋变革论的提出过程，可以参阅张广达《内藤湖南的唐宋变革说及其影响》，原载《唐研究》第11卷，北京大学出版社，2005年，收入氏著《史家、史学与现代学术》，桂林，广西师范大学出版社，2008年，页64—79；又福原启郎《日本における六朝贵族论展开についで》，《京都外国语大学研究论丛》77，2011年，页210—214。有关《概括的唐宋时代观》的发表时间，本文以福原启郎文章为准。

强调从中世到近世不仅是从贵族社会到平民社会的转向，更是
近代意义上君主独裁形成的时期。内藤将身份日渐趋向平等的
社会、加速的阶层流动和君主独裁的加强这看似悖反的现象结
合在一起，相互支撑，这是内藤时代其他持唐宋变革说的学者
所不具有的眼光，就方法层面而言甚至比学界普遍推崇的内藤
的时代区分更具前瞻性，这恐怕也是为何内藤的唐宋变革论对
此后宋史界的吸引力甚至大过唐史界。陈寅恪虽早在二十年代
后期就已视内藤虎次郎为东洋史界的无冕之王，而内藤湖南的
唐宋变革论也在 1920 年（大正九年）刊出的《概括的唐宋时代
观》中公之于世，却没有证据显示陈寅恪对这一假说有所了
解。在实证的学术趣味笼罩之下，当时即便中国学人有机会接
触到以印象式的概说提出的唐宋变革，一时恐怕也难引起反
响。① 唐宋变革论反直觉的史学思路其实和陈寅恪一些重要论
断的风格接近。但是内藤彻底跳出了传统中国史观之中的君
权意识，引入了近代西方的君主独裁概念，而且已隐约意识

<hr />

① 1934 年 6 月 26 日内藤湖南去世后，当时还是燕京大学学生的周一良
先生便在《史学年报》第 2 卷第 1 期（1934 年 9 月，页 155—172）上发表纪
念文章，择要介绍内藤的史学成果，以史学考证方面为主，并未提唐宋变革
论，虽然在所附内藤著作目录里面有《唐宋时代之概观》（应即《概括的唐宋
时代观》）。

到宋代以来的君主独裁其实在唐中期就已露端倪。① 这一点在那波利贞的唐史论述中就已经相当明确，只是那波把关注的重心从顶层下移到庶民社会。上文已经谈到，深具反讽史学特色的陈寅恪却在他的著述中从未深入讨论过唐代皇权的形态问题，这无疑是他在讨论唐代政治变化时的一大缺陷。但是陈寅恪有关唐代前期政治的论说和内藤有关贵族政治的论述，以某种程度于战后就在布目潮沨的隋唐政治史研究中被结合起来了。

二战结束前的日本唐史学界，和陈寅恪关注方面类似但却提供了截然不同解释框架的是日野开三郎。日野的唐史研究涵盖亦甚宽广，其核心贡献在于对唐五代藩镇体制的分析，这足以使他成为唐史研究中另一位"曾经与永恒之王"（*Rex quondam，Rexque futurus*）。上文提到，对藩镇的权力结构和基础的探究恰恰是陈寅恪唐史研究中完全空缺的，也是导致他对唐后期政治变化的分析不再具有说服力的关键原因之一。1942年，日野开三郎出版《支那中世的军阀》，揭示了唐后期职业军人集团的特性以及由此造成的藩镇的双重性格。从这一视角

---

① 内藤湖南《中国史通论》，北京，社会科学文献出版社，2004年，页327。

出发，日野指出了藩镇体制的不确定性以及难以彻底独立于唐朝权力体系之外的根本原因，并在此基础上，重新评估了9世纪唐廷针对藩镇所做的一系列财政和制度改革，指出唐廷之所以能重获主动权，并在相当程度上恢复了对藩镇的权威，原因在于能成功地在军事力量和财政两方面制约藩镇，一定程度上恢复了州的地位。① 在日野看来，唐帝国最终衰亡并非因为藩镇的强大，而是藩镇体制实际弱化的结果。日野开三郎这一颇为宏大的框架也有过于相信唐代官方记载以及将后期复杂的权力变化处理得过于简单的弱点，同时并未像陈寅恪那样，注意唐后期精英文化的变化及其重要性。但他的洞察力在于并不简单将唐后期看作是一个直线型的衰落过程，而是认为有重要变化，且这些变化之间充满了辩证关系。

相比于陈寅恪的胡化说，日野开三郎的职业军人说对唐中期以后地方支配体制的变化更具有解释力度，特别是河北藩镇和朝廷的复杂关系。日野一方面将军事体制的组成作为唐后期重大转型的重要地方因素，一方面又对唐后期的权力变化的走向作出了远比陈寅恪积极的描述。因此之故，他的分析在战后

① 日野开三郎这方面的看法集中在《藩镇时代の州税三分制につい で》，《史学杂志》65，1956年，收入《日野开三郎东洋史学论集》第四卷，东京，三一书房，1982年，页271—295。

成为日本学界最具影响力的唐史解释框架。在其论说的基础上，堀敏一对藩镇亲卫军的权力结构作了更为细腻深入的说明。① 对于扩展日野开三郎论点的影响而言，堀敏一之贡献犹如宫崎市定之于内藤湖南，从而使这一框架的影响范围远不限于日本学术圈。早在七十年代，美国唐史学者查理·彼得森（Charles Peterson）就深受日野开三郎的影响，将他的观点融入了包括《剑桥中国史·隋唐史卷》在内的诸多有关唐后期藩镇的论述中。② 笔者早年的研究工作也是包括对日野有关唐宪宗时期藩镇体制改革论说的重新评估。正是由于日野开创的这一视角，日本学界很长一段时间内在唐后期藩镇的研究上遥遥领先。③ 近年以中国大陆中青年一代学人引领的唐后期藩镇研究可以说是在日野开三郎框架的直接和间接影响之下展开的，而逐渐远离陈寅恪的论说。然而在笔者看来，陈氏的胡化说本身仍具有生命力。随着新材料的发现，以粟特、沙陀等为

---

① 堀敏一最重要的论文《藩镇亲卫军の权力构造》发表于《东洋文化研究所纪要》20，1960 年，页 75—149；堀敏一的相关讨论集中于《唐末五代变革期の政治と经济》前篇《唐代后期の政治过程と政治形态》，东京，汲古书院，2002 年。

② 关于查理·彼得森藩镇研究的简要介绍，参见笔者《西方唐史研究概观》，《清流文化与唐帝国》，页 340，342。

③ 这一群体包括大泽正昭、中砂明德、渡边孝等，其中渡边孝的贡献尤其突出。

核心的胡人群体在唐代社会和政治中的作用重新引起学界高度关注，荣新江、森部丰等学者的关注和研究在很大程度上修正并推进了陈寅恪的胡化观点。未来唐史学者需要探讨的课题恐怕是胡化和军人职业化这两种现象在何种层次上产生了关联。

将陈寅恪的唐史研究放置到 20 世纪前期整个世界唐史的研究潮流中，会使我们对他的史学的意义产生全新的理解，这也是笔者试图从另一重角度进行学术史挖掘时的考量之一。当今的学人，无论如何看待陈寅恪在唐史方面的论断，依然有必要先了解他的史学本身。他的唐史研究的学术思想资源的构成，他对唐代历史轮廓既感性、又超然的勾勒，他对作为一种志业的历史学的尊严的维护，他研究时在历史场景和现实场景之间建立的自然联结，都使人认识到他不仅是彻底的现代意义上的史家，更是一位不应该被简化的史家。陈氏在两"论稿"中对隋唐复杂多元的政治文化所作的卓越的观察，无论粗糙还是精致，都包含着他个人的寄托。在对他的史学遗产进行汲取之时，也许需要体味其史学洞察力究竟是建立在何种史学前提之下，其反直觉的史学取径又辗转着指向何种可能。不同时段、不同背景的历史视域之融合，是陈寅恪这样的史学家在尝试打通某种历史的"间距"。假若我们不能穿过这种历史的

"间距"，那么更为丰富、也更具有原创性的唐史视角和解释框架就无从建立，未来的研究于是也会失去突破的可能。

（本文原载《北京大学学报［哲学社会科学版］》2020 年第 4 期）

陈寅恪著作的标点符号
——以《元白诗笺证稿》等为例

高克勤

胡文辉先生近作《陈寅恪与胡适五题》（载澎湃新闻《上海书评》2020 年 6 月 5 日）之三《新式标点问题》提到，胡适1929 年曾写信给陈寅恪，讨论陈寄去的论文《大乘义章书后》，顺便提了个意见："鄙意吾兄作述学考据之文，印刷时不可不加标点符号；书名、人名、引书起讫、删节之处，若加标点符号，可省读者精力不少，又可免读者误会误解之危险。此非我的偏见，实治学经济之一法，甚望采纳。"① 又引胡适日记的吐槽："读陈寅恪先生的论文若干篇，寅恪治史学，当然是今日最渊博最有识见最能用材料的人。但他的文章实在写的不高

---

① 《胡适论学往来书信选》，石家庄，河北人民出版社，1998 年，下册，页 761—762。

明，标点尤赖，不足为法。"① 文辉先生认为："可惜，陈寅恪似未接受胡的意见。观其论著格式，最基本的标点虽不能不用，'引书起讫、删节之处'则采取另起段并退格的处理方式（不用省略号），但'书名、人名'仍无标识，终不免'标点尤懒'之讥。……论者多举出陈氏1965年致出版社的信为据。陈在信里有一句：'标点符号请照原稿。'可见在使用标点方面，他还颇有文化自信呢。"

文辉先生的文章引起了我的兴趣。这是因为我长期工作的上海古籍出版社及其前身古典文学出版社和中华书局上海编辑所（以下简称"中华上编"）在陈寅恪先生生前身后出版过他的著作，涉及其著作标点符号的处理问题。陈寅恪先生给出版社写信可以不加标点符号；② 但他的著作为了适应现代读者的阅读习惯，还是加了标点符号。

陈寅恪先生是如何使用标点符号的，可以从其《唐代政治史略稿（手写本）》（上海古籍出版社，1988年）一窥究竟。《唐代政治史略稿》即《唐代政治史述论稿》，同书异名，后者

---

① 《胡适日记全编》，合肥，安徽教育出版社，2001年，第6册，页657。

② 参见拙辑《陈寅恪先生致古典文学出版社/中华书局上海编辑所书信辑注》，《拙斋书话》，上海辞书出版社，2016年；以下引自该文的书信不再出注。

为 1943 年 5 月由时在重庆的商务印书馆出版时所改。陈寅恪先生曾对蒋天枢言："此书之出版，系经邵循正用不完整之最初草稿拼凑成书，交商务出版。原在香港手写清稿，则寄沪遗失矣。"① 陈寅恪先生的手稿留存的不多，极为珍贵，但想不到这份手写清稿尚存天壤。1980 年，上海古籍出版社出版《陈寅恪文集》后，当时保管这份手稿的企业家王兼士先生将此手稿交上海古籍出版社影印出版。蒋天枢先生细读手稿后认为："清写稿系定稿，其中仍有改笔，有红色校笔，即双行注与括弧之增减，亦细密斟酌；其他，一字之去留，一笔画之改错，一语之补充，及行款形式之改正，无不精心酌度，悉予订正。由此可见先生思细如发之精神与忠诚负责之生活态度。先生曾称温公读书之精密，师既已效法之，而更阐发昔贤所未及见到之种种问题，斯先生之所以卓绝于今世也。"② 这份手稿，使读者得以清晰地了解陈寅恪先生的行文习惯和如何使用标点符号的。陈先生为文坚持直行繁体，标点符号用了常见的冒号（：）、逗号（，）、句号（。）、叹号（！）、引号（「」）、问号（？）、圆括号［直行（）］七种，还用了专名线（直行＿）和书名线（直

---

① 蒋天枢《唐代政治史略稿（手写本）》序。
② 同上。

行⌣）。将手稿本与生活·读书·新知三联书店 1956 年版《唐代政治史述论稿》① 对勘，可以发现两本除了文字有一些差异外，标点符号更有不少相异处，手稿本中的个别长句排印本中间加了逗号，方便了阅读；但手稿本中用的专名线和书名线排印本中不知何故却被删了，则是不方便读者之举。图书从作者手稿到正式排印出版会经过编辑之手，期间作者会有更改，编辑根据相关出版规范及个人的学养喜好，也会对标点符号作更改。不知道这些更改是出于作者还是编辑之手。为此，我查看了上海古籍出版社所存陈寅恪著作的书稿档案，包括来往书信和责任编辑的审稿记录等，力图找到答案。

一

陈寅恪先生的著作在他生前出版的有三种，即《唐代政治史述论稿》、《隋唐制度渊源略论稿》、《元白诗笺证稿》。其中前两种，陈寅恪先生是如何审定校样的，编辑又是如何更改文字和标点符号的，由于没有见到相关书稿档案，无法述评，但从上引蒋

---

① 据此本"出版者说明"称，这次重印根据商务印书馆 1947 年上海版作了校正。

天枢序中陈寅恪对他所谈《唐代政治史述论稿》商务印书馆重庆版之语看，他对该书的编校不是很满意的。由古典文学出版社1958年编辑出版的《元白诗笺证稿》，校样由陈寅恪先生审定，编辑对书稿的处理得到了陈先生的认可，我们可以这本书为例，考察一下陈寅恪先生和编辑是如何处理标点符号的。

《元白诗笺证稿》1950年11月由岭南大学文化研究室出版线装本，1955年9月由北京文学古籍刊行社出版。陈寅恪先生对后者排印质量不满意，1957年合同期满后请其弟子复旦大学历史系教授陈守实与上海古典文学出版社联系。陈守实先生是陈寅恪先生的忠实弟子，对书稿的文字格式、出版时间乃至稿费都有具体入微的要求，半年之内给古典文学出版社写的信就有十来封之多。古典文学出版社的领导和编辑对陈寅恪先生非常尊重，几乎答应了作者关于出版方面的所有要求。古典文学出版社1957年12月25日［古社（57）字第1384号］致陈守实信中说："陈（寅恪）先生所开列的排书规格，我们付印时，是完全照办的。将来最后一次的校样，当寄请陈先生校阅。封面设计后即寄请陈先生题签，如何规格亦当按照陈先生的指示办理。"1958年2月5日，古典文学出版社给陈寅恪先生寄上《元白诗笺证稿》原稿及校样，请他审阅，随信［编务（58）字第160号］中说："本书排式均照来示说明，惟说明谓全书标点符号只有八种，但查原稿第五章法曲一节（页 136，行 11）'其器有铙钹、钟、磬、……'此处所用、符号已不在八种之内，是否需要改正，并请决定。"陈寅恪的回信中未见答复，编辑遂将顿号（、）俱改为逗号（,）。这本书的发排单上注明排式字体均严格按照作者附来规定，即"印元白诗笺证稿一书应注意各点"。由于这一规定当时发给出版科、校对科工作用，未存档，不知具体内容。我翻阅了《元白诗笺证稿》，发现该书标点符号确实只有八种，即冒号（：）、逗号（,）、句号（。）、叹号（!）、引号（「」）、问号（?）、圆括号［直行（）］、六角符号（直行〔〕），与信中所说相合，说明编辑确实完全照办了作者的意见。这本书的负责编辑是王勉（1916—2014），毕业于清华大学社会学系，对古代文学尤其是明清文学有深入研究，晚年用笔名鲲西发表了不少论著。

书出版后，其编校质量得到了陈寅恪先生的肯定，也为陈先生与出版社的进一步合作打下了基础。陈先生 1962 年 5 月 14 日在致中华上编的信中说："尊处校对精审。"1958 年，《元白诗笺证稿》甫出版，中华上编就约请陈先生将有关古典文学的论著编集出版，得到了陈先生的同意。陈先生拟名为《金明馆丛稿初编》，并于 1963 年交稿。陈先生 1962 年 5 月 26 日在致中华上编的信中说：

1. 原稿交付 尊处当即付印，不愿由尊处修改增删。

2. 稿中所用人名地名、前后参错互用，不能统一，以增文学之美感。

3. 引用书未能一一注明版本页数。

又两稿皆系文言故不欲用简体字。标点符号，自可照元白诗签证稿之例。

信中"笺"误作"签"。陈先生1965年11月20日在致中华上编的信中又强调：

（一）标点符号请照原稿。

（二）请不要用简体字。

从信中可见陈先生对《元白诗笺证稿》标点符号的处理是满意的。

二

《金明馆丛稿初编》交稿后未能及时出版，陈寅恪先生也于1969年去世。1976年粉碎"四人帮"后不久，陈寅恪先生的弟子、复旦大学中文系教授蒋天枢先生通过老友、原中华上编编辑吕贞白转来陈寅恪论文集《金明馆丛稿》目录，建议出版陈寅恪先生的遗文稿，得到出版社和上海市出版局的同意。上海市出版局遂与中山大学联系，得到了中山大学的支持，将陈先生在中山大学的一些稿子移交给1978年1月更名成立的上海古籍出版社。上海古籍出版社立即重印了《元白诗笺证稿》，并启动《陈寅恪文集》的编辑出版工作。

《陈寅恪文集》凡七种：一、《寒柳堂集》；二、《金明馆丛稿初编》；三、《金明馆丛稿二编》；四、《隋唐制度渊源略论稿》；五、《唐代政治史述论稿》；六、《元白诗笺证稿》；七、《柳如是别传》。其中前三种为陈先生的论文集。后四种是学术专著，其中《柳如是别传》与前三种论文集都于1980年首次出版；《隋唐制度渊源略论稿》依中华书局版纸型印行，《唐代政治史述论稿》依三联书店版纸型重印，新一版均刊行于1982年2月；《元白诗笺证稿》1978年1月新一版，1982年2月第二次印刷。至此，《陈寅恪文集》的编辑出版工作始告完成。

《陈寅恪文集》的编辑出版工作是在蒋天枢先生的指导下进行的。蒋先生承担了文集的整理校勘，编辑只做了一些文字标点校订工作，对文字包括引文乃至标点符号都不轻易改动。书稿档案中保存了一纸《金明馆丛稿初编排印时请注意各点》，从笔迹看似出于蒋先生之手：

一、请用老五号字（万莫要用新五号）。行间距离稍
阔，不可太密。

二、要直行。

三、不要用简体字。

四、句逗符号均照原稿。

五、原稿中书名专名之符号，一概取消。

六、段落开头一律顶格，引文一律低两格。

七、正文另页排，不与全书总目连接。以后每篇均另
页不连排。

八、版面大小尺寸，形式，仍照"元白诗笺证稿"。请
尽可能用较好纸张。

作为陈寅恪先生的忠实弟子，蒋先生的这八条应该是体现了陈
寅恪先生的意愿，其中多条内容可见于陈先生给出版社的信；
至于"原稿中书名专名之符号，一概取消"这条，应该是基于
陈先生生前出版的三种著作都不用书名专名之符号的缘故吧，
但是也有漏删之处，如《金明馆丛稿二编》中《读通志柳元景
沈攸之传书后》"蒙自"旁专名线未删，三联书店《陈寅恪集》

版该书插页正好有这篇文章原稿的书影，原稿也是加专名线和书名线的。

遵照蒋先生的指示，上海古籍出版社的编辑在《陈寅恪文集》编辑工作时虽然只做了一些文字标点校订工作，但这些校订工作并非轻易为之。四种学术专著的标点符号可以照原稿处理。其中《元白诗笺证稿》的编辑情况已见上述。《柳如是别传》据原稿编辑，标点符号一仍其旧，所用的标点符号没有超出《元白诗笺证稿》所用的八种。《隋唐制度渊源略论稿》、《唐代政治史述论稿》两书，原出版社编辑已对标点符号作了处理，除了《元白诗笺证稿》已用的八种标点符号外，还用了顿号（、）。但三种论文集的情况比较复杂，因各篇文章撰写、发表的时间和原抄写、原刊发时处理不同，标点符号使用不统一，无法皆按原稿，又不能轻易更动，给编辑工作带来了很大的困惑。

《金明馆丛稿二编》责任编辑沈善钧（1928—2014），毕业于浙江农学院，曾从事园艺工作，擅旧体诗。1978年11月调入上海古籍出版社担任编辑工作。他是一个审稿很认真的编辑，对书稿中的引文几乎每一条都要核对原文。他记录了该书稿的一些校核情况：

一、本稿引文，凡是我社有书可供参校的，基本上都作了全面校核。校时一般都用几个本子互校，如互校本中有一条和本稿相同，为尊重作者意见，原则上即不予更动。

二、关于《李德裕贬死年月及归葬传说辨证》中有时录同一引文三处，而文字稍有出入者，因作者所引文字，系从各不同书中转引而来。例如《祭韦相执谊文》，作者先后征引《李卫公别集》、《云溪友议》和王鸣盛《十七史商榷》三书，而此三书引文原来即有不同，并非作者征引错误。类如这种情况，现在也概不更动。

三、在标符方面，本稿因非同时期作品，因此各篇使用出入很大，较难统一，这里作了一些调整，使其保持大体一致。

陈寅恪先生引书版本，随所引书而定，不仅同一书所据版本不一；而且引书时为简要说明问题，或节引，或合数条材料为一，这本不足怪，但因为不加引号，往往使读者无法判断原文起讫，不免有误会误解之危险。所以《金明馆丛稿二编》在《元白诗笺证稿》已用的八种标点符号外，还用了顿号（、）和省略号（直行……）。如《李德裕贬死年月及归葬传说辨证》

一文中引义山《摇落》诗："人闲始遥夜，地迥更清砧。……滩激黄牛暮，云屯白帝阴。"因为这四句为节引，中间省略了四句，不加省略号排在一行就会连在一起。这当是编辑所为。

《寒柳堂集》的责任编辑邓韶玉（1930—2015）是20世纪五十年代华东师范大学中文系毕业生，曾在上海港湾学校任教。1978年4月调入上海古籍出版社担任编辑工作。他在审稿后专门写了读后感，记录了审稿的一些情况。他抱怨，原稿"或一逗到底，或句号连篇。加上刻写油印错讹模糊，校对粗疏，都造成标点混乱"。他感叹："本来，标点混乱，照通常用法，纠正过来就是。问题又不这么简单。"原因是"蒋天枢老师在标点上定出许多规矩，要以《元白诗笺证稿》为楷模，不许越雷池一步"。这就使他和沈善钧、王海根（《金明馆丛稿初编》责任编辑，毕业于北京大学中文系）裹足不前，顾虑会改错，就尽量照原稿，没有确凿的理由不作改动，但尽可能做到同一篇文章中保持一致。例如，《韦庄秦妇吟校笺》一文，原诗与作者校笺部分引文标点不同时，编辑就择善而从，予以统一。"同样，凡大量征引新、旧唐书的标点同中华书局新刊本有矛盾又不及新刊本用法妥帖时，只好以新本为准。"检《寒柳堂集》、《金明馆丛稿初编》，在《元白诗笺证稿》已用的八种标点符号外，也用了顿号（、），还用了分号（；）。

综上所述，上海古籍出版社的前辈在处理陈寅恪先生著作的标点符号时，尽量尊重陈先生的习惯，保持原貌；同时根据确凿的理由，在不损害原意的情况下，对其著作中个别使用标点符号不当处加以改正，并尽可能地在同一篇文章中保持一致。

（本文原载《南方周末》2020 年 7 月 2 日阅读版）